教育的本质

The essence of education

陶行知——著　陈彬——编

湖南人民出版社

编辑说明

当今的中国教育正处于一个前所未有的发展机遇期和挑战期，教育发展与改革的任务空前繁重。陶行知先生的教育思想无疑是一面可供省思的镜子，可以作为教育改革的参考。

陶行知先生是我国著名的教育家、思想家，曾任南京高等师范学校教务主任，继任中华教育改进社总干事，先后创办晓庄学校、生活教育社、山海工学团、育才学校和社会大学，他所提出的“生活即教育”，“社会即学校”，“教学做合一”的生活教育理论是其教育思想的理论核心。《教育的本质》一书即围绕生活教育这一核心教育思想精选四十余篇陶行知论述文章汇编而成，祈望对广大教师或有志从事教育事业的读者朋友更好地理解教育的本原、践行教学合一有所帮助，是一本可以从中汲取教育智慧的常读常新的教育经典读本。

陶行知先生特别重视生活教育的作用，他将生活教育视作改造中国教育、社会的出路。陶行知先生认为，生活教育是打破“死读书、读死书、读书死”这一旧教育观念的利器；有了生活教育，就能“随手抓来都是活书，都是学问，都是本领”，接受了生活教育就能“增加自己的知识，增加自己的力量，增加自己的信仰”。陶行知先生将生活教育当作衡量教育、学校、书本的重要标准。他说："没有生活做中心的教育是死教育。没有生活做中心的学校是死学校。没有生活做中心的书本是死书本。在死教育、死学校、死书本里鬼混的人是死人。"

陶行知先生的生活教育理论是极具前瞻性的，比如其中提到的"教学做合一"，要求"教"与"学"同"做"结合起来，同实际的生活活动结合起来，实际上是要求教育要尊重学生，注意教学之外的生活，指导学生在实际的活动中学好本领，培养他们的生活能力，这对于我们反思和改革现在的教学方式也有启发作用。

需要读者朋友注意的是，陶行知先生生活的年代正处于时代巨变与中国社会转型之际，由新文化运动所催发的白话文革命带来了更容易为普罗大众所理解和接受的通俗文体表达，但与我们现在意义上的文本表达在字词使用、语法结构等方面存在一些差异。为更好地保留文本的时代印记，还原陶行知先生的思想原貌，我们在整理编辑的过程中并未严格按照现今的语言表达习惯和规范对陶行知先生的文章进行修改，只对确实不符合语言表达规范同时又影响文意通畅的表述进行了修改，其他文字基本依原貌予以保留，还望读者朋友周知。

限于编者水平，难免挂一漏万，恳请读者朋友不吝赐教、批评指正，在此谨表谢忱。

目 录

试验主义与新教育

新，取木也，木有取去复萌之力，故新有层出不已之义。新教育与旧教育之分，其在兹乎？夫教育之真理无穷，能发明之则常新，不能发明之则常旧。有发明之力者虽旧必新，无发明之力者虽新必旧。故新教育之所以新，旧教育之所以旧，亦视其发明能力之如何耳。发明之道奈何？曰，凡天下之物，莫不有赖于其所处之境况。境况不同，则征象有异。故欲致知穷理，必先约束其境况，而号召其象征，然后效用乃见。此试验之精神，近世一切发明所由来也。彼善试验者立假设，择方法；举凡欲格之物，尽纳之于轨范之中：远者近之，征者大之，繁者简之，杂者纯之，合者析之，分者通之，多方以试之，屡试以验之，更较其异同，审其消长，观其动静，察其变化，然后因果可明而理可穷也。例如试验甲乙二教授法之优劣，则必将试验时之一切情形，归为一致。盖必先一其教师，一其教材，一其设备，一其时间，一其地方，而所教之学生又须年龄等，男女等，家境等，程度等，然后施以各异之教法，乃可知结果之攸归；屡试而验，然后二法之优劣，乃可得而发明焉。故欲求常新之道，必先有去旧之方。试验者，去旧之方也。盖赏论之，教育之所以旧者五，革而新之，其惟试验。所谓五旧者何？

一曰，依赖天工。彼依赖天工者，待天垂象，俟物示征，成败利钝，皆委于气数。究其流弊，则以有限之时间，逐不可必得之因果，是役于物而制于天也，安得不为所困哉？困即无自新之力矣。苟其有之，或出于偶然。即有常矣，或所示者吝，吾又安能穷其极而启其新耶？荀子曰：“大天而思之，孰与物畜而制之？从天而颂之，孰与制天命而用之？因物而多之，孰与骋能而化之？思物而物之，孰与理物而勿失之也？”此数语可谓中试验精神之窍要矣。盖善试验者役物而不为物所役；制天而不为天所制。惟其以人力胜天工，故能探其奥蕴，常保其新焉。

二曰，沿袭陈法。彼泥古之人以仍旧贯为能事。行一事，措一词，必求先例。有例可援，虽害不问；无例可援，虽善不行。然而今昔时势不同，问题亦异。问题既异，方法当殊。故适于昔者未必适于今，徒执古人之成规，以解决今之问题，则圆枘方凿，不能相容，何能求其进步也？故欲求教育刷新进步，必先有试验，以养成其自得之能力。能自得，始能发明；能发明，则陈法自去，教育自新矣。

三曰，率任己意。教育为一种专门事业，必学焉而后成，然从事教育之人，偏欲凭一己一时之意，以定进行之趋向。故思而不学，凭空构想者有之；一知半解，武断从事者有之；甚至昧于解决，以不了了之者亦有之。空想则无新可见；武断则绝自新之路；不了了之，则直无新之希望矣。欲救斯弊，必使所思者皆有所凭，所断者皆有所据；困难之来，必设法求所以解决之，约束之，利用之。凡此皆试验之道也。

四曰，仪型他国。今之号称新人物者，辄以仪型外国制度为能事；而一般之士，见有能仪型外人者，亦辄谓为新人物。虽然，彼岂真能新哉？夫一物之发明，先多守秘密。自秘密以迄于公布，须历几何时？自公布以迄于外传，又须历几何时？况吾所仪型者，或出于误会。以误传误，为害非浅。即得其真相，而辗转传述，多需时日。恐吾人之所谓新者，他人已以为旧矣。不特此也。中外情形有同者，有不同者。同者借镜，他山之石，固可攻玉。不同者而效焉，则适于外者未必适于中。试一观今日国中之教育，应有而无，应无而有者，在在皆是。此非仪型外国之过欤？若能实心试验，则特别发明，足以自用。公共原理，足以教人。教育之进步，可操左券矣。

五曰，偶尔尝试。当一主义发生之时，必有人焉慕其美名而失其真意。其弊也，弥近似而大乱真。乃时人不察，误认试验为尝试。计划不确，方法无定，新猷未出，已中途而废矣。彼真试验者，则不然。必也有计划，有方法，视阻力为当然，失败为难免，具百折不回之气概，再接再厉之精神。成败虽未可必，然世界实由此而进步，教育亦由此而进步，此岂持尝试之见者所可能哉！

既能塞陈旧之道，复能开常新之源，试验之用，岂不大哉！推类至尽，发古人所未发，明今人所未明，皆试验之力量也。吾国数千年来相传不绝之方法，惟有致知在格物一语。然格物之法何在，晦庵与阳明各持一说。晦翁以“即物穷理”释之，近矣。然而即物穷理，又当用何法乎？无法以即物穷理，则物仍不可格，知仍不可致。阳明固尝使用即物穷理者也，其言曰：“初年与钱友同论做圣贤，要格天下之物。……因指亭前竹子令去格看。钱子早夜去穷格竹子的道理，竭其心思，至于三日，使致劳神成疾。当初说他这是精力不足，某因自去穷格，早夜不得其理，到七日亦以劳思致疾。……及在夷中三年，颇见得此意思，乃知天下之物本无可格者。其格物之功，只在身心上做。”类此者皆坐格物不得其法之弊也。假使阳明更进一步，不责物之无可格，只责格之不得法，竞竞然以改良方法自任，则近世发明史中，吾国人何至迄今无所贡献？然亡羊补牢，未为晚也。全国学者，苟能尽刷其依赖天工，沿袭旧法，仅型外国，率任己意，偶尔尝试之旧习，一致以试验为主，则施之教育而教育新，施之万事而万事新，未始非新国新民之大计也。不然，若以应时为尽新之能事，则彼所谓旧教育者，当时亦尝为新教育也；而今之新教育，又安知他日之不或旧耶？

——1919 年 2 月《新教育》第一卷第一期

学生自治问题之研究

近世所倡的自动主义有三部分：一智育注重自学，二体育注重自强，三德育注重自治。所以学生自治这个问题，是自动主义贯彻德育的结果，是我们数千年来保育主义、干涉主义、严格主义的反应，是现在教育界一个极重要的问题。这个问题，包含甚广。我们要问学生应否有自治的机会？如果应该自治，我们又要问学生自治究竟应有几多大的范围？学生应该自治的事体，究竟有哪几种？规定学生自治的范围，又应有何种标准？施行学生自治，又应用何种方法？这几个问题，都是我们所要研究的。总起来说，就是学生自治问题。

学生自治是什么

凡是讨论一种问题，必先要明白问题的性质和他的意义。性质和意义不明了，就不免使人误会。这篇所讨论的学生自治，有三个要点：第一，学生指全校的同学，有团体的意思；

第二，自治指自己管理自己，有自己立法执法司法的意思；第三，学生自治与别的自治稍有不同，因为学生还在求学时代，就有一种练习自治的意思。把这三点合起来，我们可以下一个定义：“学生自治是学生结起团体来，大家学习自己管理自己的手续。”从学校这方面说，就是“为学生预备种种机会，使学生能够大家组织起来，养成他们自己管理自己的能力”。

依这个定义说来，学生自治，不是自由行动，乃是共同治理；不是打消规则，乃是大家立法守法；不是放任，不是和学校宣布独立，乃是练习自治的道理。

学生自治的需要

今日的学生，就是将来的公民，将来所需要的公民，即今日所应当养成的学生。专制国所需要的公民，是要他们有被治的习惯；共和国所需要的公民，是要他们有共同自治的能力。中国既号称共和国，当然要有能够共同自治的公民。想有能够共同自治的公民，必先有能够共同自治的学生。所以从我们国体上看起来，我们学校一定要养成学生共同自治的能力，否则不应算为共和国的学校。这是第一点。

当今平民主义的潮流，来势至为猛烈，受过他的影响的人，都想将一切的束缚尽行解脱。这固然有他的好处；不过也有他的危险。好处在哪里？大家从此可以充分发挥个人的精神，促进人群的进化。危险在哪里？束缚既然解脱，未必人人能够约束自己的欲望，操纵自己的举止，一旦精神能力向那坏处发泄，天下事就不可为了。一国当中，人民情愿被治，尚可以苟安；人民能够自治，就可以太平；那最危险的国家，就是人民既不愿被治，又不能自治。所以当渴望自由的时候，最需要的是给他们种种机会得些自治的能力，使他们自由的欲望可以自己约束。所以时势所趋，非学校中提倡自治，不足以除自乱的病源。这是第二点。

我们既要能自治的公民，又要能自治的学生，就不得不问问究竟如何可以养成这般公民学生。从学习的原则看起来，事怎样做，就须怎样学。譬如游泳要在水里游，学游泳，就须在水里学。若不下水，只管在岸上读游泳的书籍，做游泳的动作，纵然学了一世，到了下水的时候，还是要沉下去的。所以专制国要有服从的顺民，必须使做百姓的时常练习服从的道理；久而久之，习惯成自然，大家就不知不觉地只会服从了。共和国要有能自治的国民，也必须使做国民的时常练习自治的道理；久而久之，习惯成自然，他们也就能够自治了。所以，养成服从的人民，必须用专制的方法；养成共和的人民，必须用自治的方法。如果用专制的方法，可以养成自治的学生公民，那么，学生自治问题，还可以缓一步说；无奈自治的学生公民，只可拿自治的方法将他们陶熔出来。所以从方法这方面着想，愈觉得学生自治的需要了。这是第三点。

学生自治如果办得妥当有这几种好处：

第一，学生自治可为修身伦理的实验现今学行并重，不独讲究知识，而且要求实验知识的方法。所以学校教课当中，物理有实验，化学有实验，博物有实验，别门功课也有实习，如作文、图画、体操等等，都于学识之外，加以实地练习的机会。他的目的，无非要由实验、实习以求理想与实际的联络，使所做的学问，可以深造。修身伦理一类的学问，最应注意的，在乎实行；但是现今学校中所通行的修身伦理，很少实行的机会；即或有之，亦不过练习仪式而已。所以嘴里讲道德，耳朵听道德，而所行所为却不能合乎道德的标准，无形无影当中，把道德与行为分而为二。若想除去这种弊端，非给学生种种机会，练习道德的行为不可。共和国民最需要的操练，就是自治。在自治上，他们可以养成几种主要习惯：一是对于公共幸福，可以养成主动的兴味；二是对于公共事业，可以养成担负的能力；三是对于公共是非，可以养成明了的判断。简单些说：自治可以养成我们对于公共事情上的愿力、智力、才力。照这样看来，学习自治若办得妥当，可算是实验的修身，实验的伦理，全校就是修身伦理的实验室。照这样办，才算是真正的修身伦理。

第二，学生自治能适应学生之需要我们办学的人所定的规则，所办的事体，不免有与学生隔膜的。有的时候，我们为学生做的事体越多，越是害学生。因为为人，随便怎样精细周到，总不如人之自为。我们与学生经验不同，环境不同，所以合乎我们意的，未必合乎学生的意。勉强定下来，那适应学生需要的，或者遗漏掉；那不适应学生需要的，反而包括进去。等到颁布之后，学生不能遵守，教职员又不得不执行，却是左右为难。甚至于学生陷于违法，规则失了效力，教职员失去信用。若是开放出去，划出一部分事体出来，让学生自己治理，大家既然都有切肤的关系，所定的办法，容或更能合乎实在情形了。这就是说，有的时候学生自己共同所立的法，比学校里所立的更加近情，更加易行，而这种法律的力量，也更加深入人心。大凡专制国家的人民，平日不晓得法律是什么，只到了犯法之后，才明白有所谓法律。那么，法律的力量，大都发现于犯法之后，这是很有限的。至于自己共同所立之法就不然，从始到终，心目中都有他在；平日一举一动，都为大家自立的法律所影响。所以自己所立之法的力量，大于他人所立的法；大家共同所立之法的力量，大于一人独断的法。

第三，学生自治能辅助风纪之进步。我们的行为，究竟应该对谁负责？对于少数教职员负责呢，还是要对于全校负责呢？按着旧的方法，学生有过失，都责成少数职员监察纠正。其弊病有两种：第一种是少数教职员在的时候，就规规矩矩，不在的时候，就肆行无忌；第二种是大多学生以为既有职员负责，我们何必多事，纵然看见同学为非，也只好严守中立。这是大多数的学生所抱持的态度。所以一人司法，大家避法。我们要想大家守法，就须使各人的行为，对于大家负责。换句话说，就是要共同自治。

第四，学生自治能促进学生经验之发展。我们培植儿童的时候，若拘束太过，则儿童形容枯槁；如果让他跑，让他跳，让他玩耍，他就能长得活泼有精神。身体如此，道德上的经验又何尝不然。我们德育上的发展，全靠着遇了困难问题的时候，有自己解决的机会。所以遇了一个问题，自己能够想法解决他，就长进了一层判断的经验。问题自决得越多，则经验越丰富。若是别人代我解决问题，纵然暂时结束，经验却也被旁人拿去了。所以在保育主义之下，只能产生缺乏经验的学生，若想经验丰富，必须自负解决问题的责任。

学生自治如果办得不妥当就要发生这几种弊端：

第一，把学生自治会当作争权的器具。大凡团体都有一种特别的势力，这种势力比个人的大得多。用得正当，就能为公众尽义务；用得不当，就能驱公众争权利。学生自治会是一种团体的组织，所以用得不妥当的时候，也有这种危险。

第二，把学生自治误作治人看。这个危险是随着第一个顺路下来的。有的时候，这也是个自然的趋势。因为有了团体，一不谨慎，就有驾驭别人的趋势。刘伯明先生说："人当为人中人，不可仅为人上人。"这句话，是我们共和国民的指南针。

第三，学生自治与学校立在对峙地位。学生自治会与学校当有一种协助精神，不可立在对峙的地位，但是办得不妥当，这种对峙的情形，也是免不掉的。不过这是一种很不幸的现象，不是师生之间所宜有的。

第四，闹意气学生有自治的机会，就不得不多发言论，多立主张，多办交涉，一不小心，大家即刻闹出意气；再由闹意气而彼此分门别户，树立党帜，于是政客的手段，就不得不传到学校里来了。

以上所举的，不过是几种重要的弊端；至于小的弊端，一时难以尽举。总之，学生自治如果办理不善，则凡共和国所发现的危险，都能在学校中发现出来。但是我们要注意，这许多弊端都是办理不妥当的过处，并非学生自治本体上的过处。如果厉行自治的时候，大家不愿争权，而愿服务；不愿凌人，而愿治己；不愿对抗，而愿协助；不愿负气，而愿说理，那么，自治之弊便可去，自治之益便可享了。这种利害关头，凡做共和国民的都要练习。我们在学校的时候，有同学的切磋，有教师的辅助，纵因一时不慎，小有失败，究竟容易改良纠正。若在学校里不注意练习，将来到了社会当中，切磋无人，辅导无人，有了错处，只管向那错路上走，小而害己，大而害国。这都是因为做学生的时候，没有练习自治所致的。所以学生自治如果举行，可以收现在之益；纵小有失败，正可以免将来更大的失败。

规定学生自治范围的标准

学生自治的利弊，既如上所说，现在就要问学生自治有什么范围？规定学生自治的范围，应有何标准？

一、学生自治应以学生应该负责的事体为限。学生愿意负责，又能够负责的事体，均可列入自治范围；那不应该由学生负责的事体，就不应该列入自治范围。因自治与责任有连带关系，别人号令而要我负责，就叫做被治；别人负责而由我号令，就叫做治人；都失了自治的本意。所以学生自治，应以学生负责的事体为限。

二、事体之愈要观察周到的，愈宜学生共同负责，愈宜学生共同自治。

三、事体参与的人愈宜普及的，愈宜学生共同负责，愈宜学生共同自治。

四、依据上列三种标准而定学生自治的范围时，还须参考学生的年龄、程度、经验。

学生自治与学校的关系

学生自治会是学校里面一种团体，自然与学校有密切的关系。这种关系，可以分为两类：一、关于权限的；二、关于学问的。

一、权限上的关系。学生自治会正式成立之后，学校里面的事体，就可分为两部分：一部分仍旧是学校主持，一部分由学生主持。平常的时候，权限固可以分明；不过既在一个机关里面，总有些事体划不清楚的。既然划不清楚，就不能不有一种接洽的机关，使两方面的意思，都可以发表沟通，而收圆满的效果。此外还有临时发生而有关全校的事体，学校与学生都宜与闻，更不得不有一种接洽的机关。人数少的学校，可由校长直接担任；人数多的学校，可由校长指定教职员数人担任。学生自治会职员有事时，即可与他们接洽；而学校有事时，也由这几位和学生接洽。有这种接洽的组织，然后学校与学生声气可通，就没有隔膜的弊病了。

二、学问上的关系。天下不学而能的事情很少，共同自治是共和国立国的根本，非是刻苦研究，断断不能深造。我们举行学生自治的时候，也要把它当作一个学问研究。既要当一个学问研究，那就有两点要注意：（一）同学的切磋；（二）教员的指导。有人说，现在中国的教职员对于学生自治问题，素未研究，恐怕未必能指导。这句话诚然，但是还有些意思要注意：（一）学校里所有的功课都有教员指导。独于立国根本的学生自治一门却没有指导，似乎把它太看轻了。（二）若校内没有相当的人，办学的就应当赶紧物色那富有共和思想自治精神的教员，来担任此事。（三）师生本无一定的高下，教学也无十分的界限；人只知教师教授，学生学习；不晓得有的时候，教师倒从学生那里得到好多的教训。所以万一找不到相当的人才，就请教职员和学生共同研究也好。总而言之，学生自治这个问题，不但要行，而且还要研究。研究的时候，学校不能不负指导参与的责任。

学生自治与学校既有这两种密切的关系，我们就须打破一切障碍，使师生的感情，可以化为一体，使大家用的力量，都有相成的效果。大家一举一动都接洽，有话好商量，有贡献彼此参与。在这共和的学校当中，无论何人都不应该取那武断的、强迫的、命令的、独行的态度。我们叫人做事的时候，不但要和他说“你做这件事，你应该这样做”，并且要使得他明白“为何做这件事，为何这样做”。彼此明白事之当然和事之所以然，才能同心同德，透达那共同的目的。

施行学生自治应注意之要点

现在各学校对于学生自治，多愿次第举行，我悉心观察，觉得有几件最要紧的事件，必先予以注意，方能发生美满的效果。

第一，学生自治是学校中一件大事。全体学生都要以大事看待它，认真去做；学校里也须以大事看待它，认真赞助。若以为它是寻常小事，不加注意，没有不失败的。

第二，学生自治如同地方自治。地方自治之权，出于中央；学生自治之权，出自学校。所以学生自治，虽然可以由学生发动，但是学校认可一层，似乎也是应有的手续。

第三，学生自治之有无效力，要看本校对于这个问题是否有相当了解和兴味。如果大家都明白它的真意，都觉得它的需要，那么，执行出来必能得大家的赞助。所以未举行学生自治之前，必须利用演讲、辩论、谈话、作文等等养成充分的舆论。

第四，法是为人立的，含糊误事，故宜清楚；繁琐害事，故宜简单。

第五，推测一校学生自治的成败，一看他的领袖就知道。所以要提高学生自治的价值，就须使最好的领袖不得不出来服务。如果好的领袖洁身自好，或有好的领袖而大众不愿推举，都不是自治的好现象。

第六，学校与学生始终宜保持一种协助贡献的精神。

第七，学校与学生对于学生自治问题，须采取一种试验态度，章程不必详尽，组织不必细密；一面试行，一面改良；虽然中途难免受到挫折，但到底必有胜利。

结论

总之，学生自治是共和国学校里一件重要的事情。我们若想得美满的效果，须把他当件大事做，当个学问研究，当个美术去欣赏。当件大事做，方才可以成功；当个学问研究，方才可以进步。这两种还不够。因为自治是一种人生的美术，凡美术都有使人欣赏爱慕的能力；那不能使人欣赏的，爱慕的，便不是真美术，也就不是真的学生自治。所以学生自治，必须办到一个地位，使凡参与和旁观的人，都觉得它宝贵，都不得不欣赏它，爱慕它。办到这个地位，才算是高尚的人生美术，才算是真正的学生自治。

1919 年 10 月《新教育》第二卷第二期

我们对于新学制草案应持之态度

第七届全国省教育会联合会，拟订学制草案，征求全国意见，以为将来修正实施之准备，立意甚好。壬子学制，经十年之试验，弱点发现甚多。近一二年来，思潮猛进，该学制几有不可终日之势。故此次所提草案，确要适应时势之需要而来的。我们对于这应时而兴的制度，究竟要存何态度？我以为建设教育，譬如造房屋；学制，譬如房屋之图案。想有适用的房屋，必先有适用的图样。这图样如何画得适用？我以为画这图的人，第一必须精于工程。第二假使所造的是图书馆，他必定要请教图书馆专家；科学馆，必定要请教科学专家；纱厂，必定要请教明白纱厂管理的人；舞台，必定要请教明白管理舞台的人。有这两种人参议，才能斟酌损益，画出最适用之图样。制定学制，也可以应用这理。不过学制包括的范围更广，所应询问的方面更多了。此次全国省教育会联合会，征集各省教育界的意见，就是为了要顾到各方面的情形。所以我觉得凡对于学制有疑问有反对有主张的，都应提出充分讨论研究实验，使将来修正之后，各方面之教育，都有充分发展之机会。换句话说，虚心讨论研究实验，以构成面面顾到之学制，是我们对于学制草案应有之第一个态度。

建筑最忌抄袭：拿别人的图案来造房屋，断难满意。或与经费不符；或与风景不合；或竟不适用；以后虽悔，损失必多。我国兴学以来，最初仿效泰西，继而学日本，民国四年取法德国，近年特生美国热，都非健全的趋向。学来学去，总是三不像。这次学制草案，颇有独到之处。但是不适国情之抄袭，是否完全没有，要请大家注意。诸先进国办学久的，几百的；短的，亦数十年。他们的经验，可以给我们参考的，却是不少；而不能采取得益的，亦复很多。今当改革之时，我们对于国外学制的经验，应该明辨择善，决不可舍己从人，轻于吸收。这是我们对于研究新学制草案应有的第二个态度，

为造新房绘图易，为改旧房绘图难。因为改旧房时，须利用旧房，以适合改造之需要。然旧房有可利用的，有断不可利用的。有将来要拆，而改造时不得不暂行存留的。这都是绘图的人应加考虑的事。我们的旧学制，多半应当改革，但因国中特别情形，或亦有宜斟酌保存之处。大凡改制之时，非旧制遭过分之厌恶，即新制得过分之欢迎。这两种趋势，都能使旧制中之优点，处于不利之地位。所以我们欢迎新学制出现的时候，也得回过头来看看掉了东西没有。这是我们对于新学制草案应有的第三个态度。

图案是重要的，但只是建筑房屋的初步。学制是重要的，亦只是建设教育的初步。徒有学制，不能使人乐学；也如徒有图案，不能使人安居。如何使纸面上的图案变成可以安居之房屋，与如何使纸面上之学制，变成更优良最有效率之教育，是一相仿的事业，不知要费几许金钱脑力时间去经营，才能成就我们所想成就的。我们切不可存学制一定即了事的观念。我们更要承认学制以后之事业问题是无穷的。无穷尽的事业，要我们继续不已的去办理他。无穷尽的问题，要我们继续不已的去解决他。所以学制虽是个重要问题，但只是前程万里的第一步。他原来是如此，就应如此看待他。这是我们对于新学制草案应有的第四个态度。

总之，当这学制将改未改之时，我们应当用科学的方法、态度，考虑社会个人之需要能力，和各种生活事业必不可少之基础准备，修正出一个适用的学制。至于外国的经验，如有适用的，采取他；如有不适用的，就回避他。本国以前的经验，如有适用的，就保存他；如不适用，就除掉他。去与取，只问适不适，不问新和旧。能如此，才能制成独创的学制——适合国情，适合个性，适合事业学问需求的学制。

1922 年 1 月《新教育》第四卷第二期

创造一个四通八达的社会

——给文渼的信

渼妹：

前在安庆接到家书，承嘱于修改后奉还，此事拟于到武昌后办理，一二日之内即可寄出。家中所需物品可以带京，请函冬弟购办。

知行一点钟内可以抵汉，拟于二十三日回安庆，二十四日赴芜湖。回京日期当在十二月初。

知行近日买了一件棉袄，一双布棉套裤，一顶西瓜皮帽，穿在身上，戴在头顶，觉得完全是个中国人了，并且觉得很与一般人民相近得多。

我本来是个中国的平民。无奈十几年的学校生活渐渐地把我向外国的贵族的方向转移。学校生活对于我的修养固有不可磨灭的益处，但是这种外国的贵族的风尚，却是很大的缺点。好在我的中国性、平民性是很丰富的，我的同事都说我是一个“最中国的”留学生。经过一番觉悟，我就像黄河决了堤，向那中国的平民的路上奔流回来了。

平民教育的宗旨是要叫种种人受平民化。一方面我们要打通层层叠叠的横阶级。如贫富、贵贱、老爷小的、太太丫头等等，素来是不通声气的，我们要把他们沟通。又一方面我们要把深沟坚垒的纵阶级打通。纵阶级的最昭著的是三教九流七十行，江南江北、浙东浙西、男男女女等等都是恶魔，把他们分得太严。这种此疆彼界也非打通不可。民国九年，南京高师办第一次暑期学校的时候，胡适之、王伯秋、任鸿隽、陈衡哲、梅光迪诸先生和我几个人在地方公会园里月亮地上彼此谈论志愿，我说我要用四通八达的教育，来创造一个四通八达的社会。我这几年的事业，如开办暑期学校、提倡教职员学生之互助、提倡男女同学、服务中华教育改进社，都是实行这个目的。但是大规模的实行无过于平民教育。我深信平民教育一来，这个四通八达的社会不久要降临了。

我这一个多月来随便什么地方都去传平民教育。四天前，我到南昌监狱里去对四百个犯人演讲，我说人间也有天堂地狱。若存好的念头，心中愉快，那时就在天堂；若存坏的念头，心里难过，那时就在地狱。我说到这里，忽然得到一个意思。这个意思就是天堂地狱也得要把他们打通，后来我想了一句上联送自己："出入天堂地狱。"下联没有想出来，请你给我对起来罢！

这次在轮船上觉得很安逸。记得前年我们到牯岭去，轮船上一夜数惊。我们生来此时，有一定使命。这使命就是运用我们全副精神，来挽回国家厄运，并创造一个可以安居乐业的社会交与后代。这是我们对于千万年来祖宗先烈的责任，也是我们对于亿万年后子子孙孙的责任。

这时我在汉口南洋宝酒楼。这是徽州馆。我在这里吃牛肉面，吃得饱得很，只费了一角五分钱。

再过半点钟，我就要渡江到武昌去了。我现在康健快乐。敬祝你和全家康健快乐。

知行

1923 年 11 月 13 日

平民教育概论

一、平民教育之效能

中国现在所推行的平民教育是一个平民读书运动。我们要用最短的时间，最少的银钱去教一般人民读好书，做好人。我们深信读书的能力是各种教育的基础。会读书的人对于人类和国家应尽之责任，应享之权利，可以多明白些。他们读了书，对于自己生计最有关系的职业也可以从书籍报纸上多得些改进的知识和最新的方法。一般无知识的人对于子女的教育漠不关心，若是自己会读书就明白读书的重要，再也不肯让自己的儿女失学，所以今日之平民教育就是将来普及教育的先声。至于顺带学些写信、记账的法子于个人有莫大的便利，自然是不消说了。

二、平民教育问题的范围

中国没有正确统计，暂且以传说之四万万人估计，觉得平民教育这个问题之大，实可令人惊讶。照中华教育改进社估计，十二岁以上之粗识字义的人数只有八千万人。再除开十二岁以下的小孩子约计一万万二千万人属于义务教育范围，其余之二万万人都是我们的平民教育应当为他们负责的。这二万万人有一人不会读书看报，就是我们有一分责任未尽。

三、中国平民教育之经过

这个问题二十多年前已经有人注意了。前清的简字运动就想解决这个问题，没有多大成效。注音字母也有一部分人拿来做速成教育的工具，他的命运尚在试验中。五四以后学生由爱国运动进而从事社会服务教导人民，自动开设的平民学校，遍地都是。办法虽不无流弊，却能引起我们对于平民教育改善的兴味。最后晏阳初先生用一千字编成课本在长沙、烟台、嘉兴等处从事试验平民教育更为省钱省时。在这事之前有毕来思先生编的《由浅入深》和唐景安先生用六百字编的课本都能引起一部分人的注意。这都是局部的试验。去年六月熊秉三夫人参观嘉兴平民学校之后，就偕同晏阳初先生和我们筹备中华平民教育促进会的组织。同时推举朱经农先生和我依据国情及平民需要编辑课本，并推请王伯秋先生在南京主持平民教育之试验。八月乘中华教育改进社年会在清华学校开会之期，邀集各省区教育厅教育会代表到会讨论进行方针及计划。中华平民教育促进会总会即于此时成立。十月开始推行，离现在为时不过九个月，已推行到二十省区，读本会平民千字课的人民已有五十万人。由此可见全国对于平民教育有极热烈的欢迎和极浓厚的兴趣。

四、平民教育现行系统

中华平民教育促进会总会是个全国的总机关，有董事部总其成。董事有两种：一为省区董事，每省区二人，二为执行董事，一共九人，推举在京之会员担任。董事部聘请总干事担任进行事宜。

总会之下，有省、县、市、乡平民教育促进会分会管理一省、一县、一市、一乡的平民教育事宜。一市中之各街和一乡中之各村都要设平民教育委员会以担负此街、此村之平民教育。现在省区设分会的已有二十省区。省区之下未有确数。一条街的平民教育正在北京之羊市大街和南京之府东大街试办；一个乡村的平民教育正在休宁之隆阜和西村等处试办。

五、教育组织

教育组织最要符合社会情形和人民生活的习惯。因此我们对于平民教育主张采用三种形式以适应各种人民的需要：

（一）平民学校。这个采用班级制度。大班一二百人以上用幻灯教；小班三四十人以上用挂图挂课教。这和通常的班级教争差不多，无须解释。

（二）平民读书处。但是社会里有许多人因职务或别种关系不能按照钟点来校上课，我们就不得不为他们想个变通的办法。这办法就是平民读书处，以一家、一店、一机关为单位。请家里、店里、机关里识字的人教不识字的人。教的人是内里的，学的人也是里头的。这是内里识字的人同化内里不识字的人的办法。如果主人负责督促，助教每星期受一次训练，并加以定期的指导，平民读书处可以解决一部分的问题。山东第一师范现在以一个学校的同志办一千多人的平民教育就是采用这个办法。

（三）平民问字处。这是南京平民教育促进会总务董事王伯秋先生发明的。社会上有些人不但不能按时上学并且家里无人教导，因此平民学校和平民读书处都不能解决。这些人大半属于流动性质，如做小本生意的人或车夫之流。平民问字处就设在有人教字的店铺里、家庭里或机关里。凡承认担任教字的店铺、家庭、机关，随便什么人要问千字课里的字都可以向他们问。比如摆摊的人，摆在那个平民问字处门口就可乘空向他们请教；车夫停在那个平民问字处门口也可以乘无人坐车的时候学几个字。这个法子现在南京试验。

六、教材教具

平民教育最重要的工具是课本——《千字课》。这部书的一千多字是根据陈鹤琴先生调查的《字汇》选择的。编书的大目标有四：一是自立的精神；二是互助的精神；三是涵养的精神；四是改进的精神。全书九十六课，用九十六天每天一个钟点就可以教完。我们的方针是要求其易懂而有趣味，使他们读了第一课就想读第二课，用他们自然的兴味，来维持他们的恒心和努力。现在仍旧照这个方针在这里修改，总希望愈改愈适用。

辅助教具之最重要的有二。一是幻灯，现由青年会在那里力求改良，总要他格外价廉合用。二是挂图，比幻灯便宜些，宜于小班用。

七、考成

平民学校和平民读书处的学生普通四个月毕业。毕业之时用测验方法考一下。及格的发给识字国民文凭（Certificate for Literate Citizenship），考不及格可以下次再考，考到及格为止。教师的奖励看及格学生数目而定。凡教了三十人经考试及格的可得平民良师的证书（Certificate of People’s Teacher）。其他对于平民教育出力及捐资的人员都有相肖的奖励，或由本会发给，或请政府发给。各地同志并不为奖励始肯出力，本会之发给奖励只是对于他们有价值的工作加以相当之承认。

八、经费问题

平民教育的经费现在已经节省到最低限度。我们的千字课承商务印书馆帮忙，几乎是照本钱出卖，一角洋钱可以买一部，共四本。如果采用读书处的办法只须两角钱就可教一个人，平民学校贵些，每人也不过四五角钱。加用幻灯每人至多一元钱也就够了。

我们希望省、县的平民教育，都列入正式预算。国家也应该筹定的款辅助各地勇猛进行。这虽是我们应有的计划，但我们并不等候政府筹定的款才去进行。我们要教育普及尤其要担负普及。我们现在要试行一种一元捐的办法，使社会大多数人民，都为平民教育挑一个小小的担子，并使他们个个人都和平民教育发生一点密切的关系。我们深信为公益捐钱，也是一种很有价值的教育。我们要社会学给予，不要他们学受取或看别人给予。我们相信这种一元捐推行之后，再加点附加税，就可以够用了。

九、强迫是一种必要手续

社会上有三种人：一是自动要读书的；二是经劝导后才愿读书的；三是非强迫不愿读书的。我们就经验上观察十人中怕有三人或四人非强迫不行，此外还有两人或三人，有了强迫的办法就可赶快去读。所以强迫是必要的。强迫有两种：一是社会自动的强迫。例如改进社等机关对听差的宣言“从今天起不愿读书的不能在本社服务”，“自民国十四年一月一日起，无识字国民文凭的人不能在本社服务”；协和医院对工役的宣言“在一定时期内没有读了千字课不得加薪”，一类的办法都是自动的强迫。至于政府的强迫令也是重要的。芜湖房道尹、察哈尔张都统、河南王教育厅长都曾考虑过强迫平民教育的办法，陆续总有地方可以实现。他们所考虑的办法中有四条很值得实行的：一是县知事以下以推行平民教育为考成之一。二是预行布告人民某年某月某日以后，十二岁以上之人民出入城门应经警察持千字课抽验，会读者放行，不会读者罚铜元一枚。三是愚民捐（Ignorance Tax）。在某年某月某日以后凡机关里、店铺里、家庭里或任何组织里，如有不会读千字课之十二岁以上之人，每月纳愚民捐洋一角，到会读为止，愚民捐由主人及本人各任半数。四是凡主人有阻碍属下读书行为，一经发觉，得酌量罚款。

十、下乡运动

中国以农立国，十有八九住在乡下。平民教育是到民间去的运动，就是到乡下去的运动。现在有一个方法很有效力。学校里到夏天和冬天都要放假，大多数的学生都要凹到自己的乡村里去。我们劝他们带千字课回家宣传平民教育。入手办法有三种：（一）把乡村里识字的人找来给他们一种短期的训练，教他们如何教自己家里的人。（二）把村里不识字中之聪明的招来，每天教他们四课，同时叫他们每人回家教一课。只须一个月他们就可读会四本书并教毕一本。他们一面学，一面教，一个月之后都可做乡村里的教师了。（三）大一点的乡村里总有私塾，可以劝导私塾先生采用千字课，并用空闲时间，为乡人开班教千字课本。

乡村平民教育当推香山慈幼院对于西山附近乡村的规划为最有系统。他以各小学为一中心点，令附近每家来一人上学，学好后回家教别人。读书之外，还教些实用的职业。我们很希望这个计划能成事实。

十一、女子不识字问题

不识字的最大多数就是女子。平民学校因年龄较大又未经学校训练，不便男女同学，更使这个问题难于解决。我们现在采用的办法是：（一）为女子专办女子平民学校；（二）家庭中多办平民读书处，使自己的人教自己的人；（三）劝女学生寒暑假回乡教乡村里的妇女；（四）极力提倡女子学校教育造就女子领袖，使女子平民教育可以尽量推广。

十二、继续的平民教育

四个月的千字课教育，虽然有些实用，但和完备的教育比较起来，真是微乎其微。况且受过这种教育之后，如何去维持使他们不致忘却，并能运用，真是一个最重要的问题。

所以我们一面推行，一面就计划继续的办法。（一）我们要和国内最大的日报合作，编辑一个《平民周刊》，一面随报附送，一面单行发卖，使平民毕业学生，可以得到看报的乐趣，又可以得到些世事的消息和做人的道理。现请定朱经农先生为总编辑，由《申报》印行，定于六月二十八日出版，每周行销六万份。（二）我们请了专家四十几位分任编辑《平民丛书》数十种供给平民阅览。对于上列二事，改进社很出力帮忙。为了充分推广起见，我们要在火车上、轮船上甚至于三家村五家店，都要设法分销，使平民便于购买，又请图书馆专家，规划设立平民阅览室，以便平民可以到适中地点看书看报。中华职业教育社也在编辑平民职业小丛书，也是很有益的。（三）有些学生对于四个月之后，很想继续受职业的训练，求生计上之改善。这是更加要紧的。我们为分工起见，希望中华职业教育社特别加以注意。（四）平民学生当中已经发现有特别聪明的学生，这些学生应当再受国家或社会充分的培植。我们对于他们特别加以注意并要扶助他们升学。

十三、训练相当人才

这是一个大规模的运动，义务繁，责任重，必须训练多数相当的人才分工合作才能按期收效。第一要训练的就是推行干事。各地对于平民教育既有如许热心，总会最大的责任是派遣有干才的人员帮助各地组织指导他们进行，并给各地办理平民教育的人一种相当的训练。总会对于省区，省区对于各县各市，各县对于各乡，各市对于各街都应负训练指导之责，才能收一致之效。第二要训练的就是教师。平民学校教师采用讨论会办法，寓训练于讨论之中。平民读书处助教就须用师范班办法加以有规律之训练。第三省视学、县视学，是地方提倡平民教育最可收效之人，宜有短期之讲习会，详细讨论推行平民教育之办法以利进行。这种讲习会不久就要召集。

十四、官民一致合作之效力

自平民教育开办以来，固然免不了一部分人的怀疑和少数人的阻碍。但因平民教育运动宗旨纯正，国人相信从事者始终以人民幸福为前提，绝无政治、宗教或任何主义之色彩，所以到处备受欢迎。各地推行平民教育的时候，军、政、警、绅、工、商、学、宗教各界无不通力合作。这种一团和气的现象真是少见的。学界对于此事之热心是一件预料得到的事。多数的教员学生本着他们诲人不倦的精神，担任教学研究推广等事，实在可以佩服。商界对于此事也有热心提倡者。都市里提倡平民教育一大半要靠商界，汉口各商团联合会周会长尤其热心，他首创的几个平民学校都很有成绩。听说他还有二十五个学校正在筹备中。汉口商界是可以为全国模范的。工厂主人提倡此事最力的有武昌李紫云先生，我们很希望全国的工厂继起提倡工人的平民教育。南京有五十几位说书人，在说书的时候，把读书的好处，夹在说书当中劝导听者。他们还逢三六九的日子，到四城演讲读书的重要，他们还编道情（folk lore or popular songs）唱给人民听，劝他们读书。这些说书人最明白平民心理，真是最好的平民教师。我们很希望全国的说书人都起来为平民服务。各地政府对于平民教育表同情的很有好多。江苏首先捐助巨款开办南京平民教育的试验，湖北也极力提倡。江西、察哈尔等处，都很出力。近来奉天令军队数万人，受平民教育，尤为平民教育前途最可庆贺的一件事。民政长官中最先提倡平民教育的为江苏韩紫石省长。安徽前省长吕调元令省公署卫队公役受千字课教育，可惜中途为马联甲长皖时所停止。湖北省长公署也办了一班，已经毕业，现在在筹备继续。安徽教育厅长江彤侯令全厅公役一律读书，为强迫平民教育之第一幕，中间虽经谢学霖厅长任上之停顿，但新任教育厅长卢绍刘已经恢复，进行顺利。赣、鄂二教育厅也相继举办，为全省树立风气，甚为可喜。芜湖房道尹察哈尔张道尹都很提倡。县公署里办平民教育的也有许多处。警察为推行平民教育最要人员之一。在都市中，警察与商界有同等的力量。南京警官亲自教平民学生，警士帮助劝学非常热心。武昌警察总署及分区共办平民读书处二十九处，不识字之警察公役一律读书，不愿读书的开除。这是何等的有效力！九江的警察也很提倡。监狱里的犯人除做工外没有别事做，我们正可借此机会教他们读好书，做好人。现在新监里教千字课的有安庆、南昌、南京、武昌、汉口各处。还有利用识字犯人教不识字的犯人的，真是可喜。

十五、南北对于平民教育一致提倡之好现象

对于平民教育不但各界合作，而且南北也是合作的。广东、云南、湖南、东三省、四川以及其他各省区都协力进行。这真是所谓人同此心，心同此理。中国政治虽不统一，但教育是统一的。我们深信统一的教育可以促成统一的国家。

十六、结语

我们的希望是：处处读书，人人明理。如照现在国人对于此时的合作和热度观察，十年之内当有相当的成效。但我们不能以普及四个月一千字的教育为满足，我们应当随国民经济能力之改进，将他们所应受之教育继长增高到能养成健全的人格时才能安心。这是我们共同的希望，也是我们今后共同努力的方向。

——1924年10月《中华教育界》第十四卷第四期

中华教育改进社改造全国乡村教育宣言书

本社的乡村教育政策是要乡村学校做改造乡村生活的中心，乡村教师做改造乡村生活的灵魂。我们主张由乡村实际生活产生乡村中心学校，由乡村中心学校产生乡村师范。乡村师范之主旨在造就有农夫身手、科学头脑、改造社会精神的教师。这种教师必能用最少的金钱，办最好的学校，培植最有生活力的农民。我们深信他们能够依据教学做合一的原则，领导学生去学习那征服自然改造社会的本领。但要想这种教育普遍实现，必须有试验、研究、调查、推广、指导之人才、组织、计划、经费及百折不回的精神，方能成功。本社的事业范围很宽，但今后主要使命之一即在厉行乡村教育政策为我们三万万四千万农民服务。我们已经下了决心要筹募一百万元基金,征集一百万位同志,提倡一百万所学校,改造一百万个乡村。这是一件伟大的建设事业，个个国民对他都负有绝大的责任。我们以至诚之意欢迎大家加入这个运动，赞助他发展，指导他进行，一心一德的为中国乡村开创一个新生命。

——1926 年

创设乡村幼稚园宣言书

自从福录伯发明幼稚园以来，世人渐渐地觉得幼儿教育之重要；自从蒙台梭利毕生研究幼儿教育以来，世人渐渐地觉得幼稚园之效力；自从小学校注意比较家庭送来与幼稚园升来的学生性质，世人乃渐渐地觉得幼儿教育实为人生之基础，不可不趁早给它建立得稳。儿童学者告诉我们凡人生所需之重要习惯、倾向，态度多半可以在六岁以前培养成功。换句话说，六岁以前是人格陶冶最重要的时期。这个时期培养得好，以后只须顺着他继长增高的培养上去，自然成为社会优良的分子；倘使培养得不好，那么，习惯成了不易改，倾向定了不易移，态度决了不易变。这些儿童升到学校里来，教师须费尽九牛二虎之力去纠正他们已成的坏习惯，坏倾向，坏态度，真可算为事倍功半。至于不负责任的教师，那里顾得到这些。他们只一味的放任，偶然亲自看见学生做坏事，也不过给儿童一个消极的处分。于是坏习惯，坏倾向，坏态度蓬蓬勃勃的长，不到自害害人不止。这是必然的趋势。

有志儿童幸福的人和有志改良社会的人看此情形就大呼特呼的提倡广设幼稚园。但提倡的力竭声嘶而响应的寥若晨星。都市之中尚有几个点缀门面，乡村当中简直找不到它们的踪迹。这也难怪，照现在的情形来看，幼稚园倘不经根本的改革，不但是乡村里推不进去，就是都市里面也容不了多少。

依我看来，现在国内的幼稚园害了三种大病。一是外国病。试一参观今日所谓之幼稚园，耳目所接，哪样不是外国货？他们弹的是外国钢琴，唱的是外国歌，讲的是外国故事，玩的是外国玩具，甚至于吃的是外国点心。中国的幼稚园几乎成了外国货的贩卖场，先生做了外国货的贩子。可怜的儿童居然做了外国货的主顾。二是花钱病。国内幼稚园花钱太多，有时超过小学好几倍。这固然难怪，外国货哪有便宜的。既然样样仰给于外国，自然费钱很多。费钱既多，自然不易推广。三是富贵病。幼稚园既是多花钱，就得多弄钱。学费于是不得不高，学费高，只有富贵子弟可以享受它的幸福。所以幼稚园只是富贵人家的专用品，平民是没有分的。

我们现在所要创办的乡村幼稚园就要改革这三种弊病。我们下了决心要把外国的幼稚园化成中国的幼稚园，把费钱的幼稚园化成省钱的幼稚园，把富贵的幼稚园化成平民的幼稚园。

一、建设中国的幼稚园。我们在这里要力谋幼儿教育之适合国情，不采取狭义的国家主义。我们要充分运用眼面前的音乐、诗歌、故事、玩具及自然界陶冶儿童。国外材料之具有普遍性、永久性的亦当选粹使用，但必以家园所出的为中心。

二、建设省钱的幼稚园。打破外国偶像是省钱的第一个办法。我们第二个办法就是训练本乡师资教导本乡儿童。一村之中必有一二天资聪明，同情富厚之妇女。我们就希望她们经过相当训练之后，出来担任乡村幼稚园的教师。她们既可得一新职业之出路，又可使幼稚园的薪金不致超过寻常小学额数，岂不是一举两得？这些妇女中最可有贡献而应最先训练的无过于乡村教员校长之夫人姊妹及年长的女学生。她们受过训练之后，只要有人加以提倡幼稚园就可一举而成。第三个办法就是运用本村小学手工科及本村工匠仿制玩具。如此办来，一个钱可抵数钱之用。三个办法同时并进，可以实现省钱的幼稚园。

三、建设平民的幼稚园。幼稚园花钱既省，取费自廉，平民的儿童当能享受机会均等。教师取之乡间，与村儿生活气味相投，自易亲近。这两件事都可以叫幼稚园向平民方面行走。但一个制度是否真能平民化要看它是否应济平民的需要。就我们所观察，乡村幼稚园确是农民普遍的永久的需求。试一看乡村生活，当农忙之时，主妇更是要忙得天昏地暗。她要多烧茶水，多弄饭菜，多洗衣服，有时还要她在田园里工作，哪里还有空去管小孩子。那做哥哥、做姊姊的也是送饭、挑水、看牛、打草鞋，忙个不了，谁也没有工夫陪小弟弟、小妹妹玩。所以农忙之时，村中幼儿不是跟前跟后，就是没人照应，真好像是个大累，倘使乡村幼稚园办的得当，他们就可以送来照料。一方面父母又可以免去拖累，一方面儿童又能快快乐乐地玩要，岂不是“得其所哉”！小学儿童，年龄较大，可以做事，农忙时颇能助父母一臂之力，要他上学，不啻减少农民谋生能力，所以有如登天之难。幼稚园则不然。它所招的儿童，正是农民要解脱的负担，要他们进来，正是给农民一种便利。倘使办理得当，乡村幼稚园，可以先小学而普及。幼稚园既是应济平民的需要，自有彻底平民化之可能。我们只需扫除挡路的障碍，使它早日实现就是了。

建设一个中国的、省钱的、平民的乡村幼稚园不是一说就可以成功的。我们必须用科学方法去试验，必须用科学方法去建设，我们对于幼稚园之种种理论设施都要问它一个究竟，问它一个彻底。我们要幼稚园里样样活动都要站得住。我们要运用科学的方法来建设一个省钱的、平民的、适合国情的乡村幼稚园。将来全国同志起而提倡，使个个乡村都有这样一个幼稚园，使个个幼儿都能享受幼稚园的幸福，那更是我们所朝夕祷祝的了。

——1926 年 10 月 29 日《新教育评论》第二卷第二十二期

幼稚园之新大陆

——工厂与农村

最需要幼稚园的地方是什么？最欢迎幼稚园的地方是什么？幼稚园应当到而没有到的是什么地方？幼稚园还有些什么新的大陆可以发现？

（一）女工区域是需要幼稚园的。妇女上工厂做工，小孩子留在家里，无人照顾，最感痛苦。若带在身边，那么工厂里的特殊紧张之环境，便要阻碍儿童的发育。倘使工厂附近有相当之幼稚园，必能增进儿童之幸福而减少为母者精神上之痛苦。同时女工既不必心挂两头，手边又无拖累，则做工效率自然也要增加好多。所以为儿童教育计，为女工精神计，为工业生产效率计，这种工厂附近必需开办幼稚园。这是幼稚园的第一个新大陆，我希望幼稚园同志快来探获。

（二）农村也是需要幼稚园的。农忙的时候，田家妇女们忙个不了，小孩子跟前跟后，真是麻烦。哥哥姊姊也要帮忙操作，无暇陪伴弟妹玩耍，所以农忙一到，乡村小孩子就要缺乏照料。倘使农村里有了幼稚园，就能给这些小孩子一种相当的教育，并能给农民一种最切要的帮助。幼稚园的同志们！诸君可曾想到这个新大陆？我深信如果诸君愿意下乡，采桑娘子必定是诚心诚意的欢迎诸君的。

幼稚园的下乡运动和进厂运动必须开始，实无疑义。但现在的幼稚园必须经过一番根本变化，方能到乡村和工厂里去。他第一要打破外国的面具，第二要把贵族的架子放开，第三要省钱，不当用的必不用。这里要整天整年的幼稚园。半天的幼稚园只能解决一半的困难。幼稚园放假也只能跟着女工农妇空闲的时候为转移。现在幼稚园还有一件事没有注意到，这事就是儿童的健康。儿童的健康比什么事还要紧。幼稚园教师倘没有受过严谨的卫生训练，则幼稚园恐怕要变成传染疾病的中心。我有一个朋友全家害过猩红热，又一个朋友的小孩子都染着百日咳，还有好几家朋友的小孩子染着沙眼病和天花，都是因为幼稚园里不注意卫生所致。我希望大家把儿童健康当做幼稚园里面第一重要的事情。幼稚园教师应当做健康之神。工厂和农村是幼稚园可以发现的新大陆。他们只欢迎爱护儿童健康的幼稚园，不欢迎传染疾病之幼稚园。

——1926 年 11 月 12 日《新教育评论》第二卷第二十四期

南京中等学校训育研究会

南京中等学校近来组织了一个训育研究会，于本月九日开成立会，并于二十一日开第一次常会。这个研究会是由国立、省立、私立中等学校担任训育的职员组织而成的，可算是一个地方训育人员第一次对于训育问题之大协作。历来办学的人谈到学生品行问题就联想到宽严的观念。其实从前学校一味盲目的压制，近年学校一味盲目的放任，都是不应该走的错路。训育问题不是笼统的宽严问题：究竟什么事应当严？什么事应当宽？应当严的如何严法？应当宽的如何宽法？什么叫做严？什么叫做宽？我怕专在笼统的宽严问题上做功夫总寻不出什么条理来，所以希望担任训育的人第一要打破宽严的观念，要在宽严以外去谋解决。真正的训育是品格修养之指导。我们要在“事”上去指导学生修养他们的品格。事应当怎样做，学生就应当怎样修养，先生就应当怎样指导。各种事有各种做法，指导修养之法也跟了他不同。同是一事，处不同之地，当不同之时，遇不同之人，那做的方法，及指导修养的方法也就不能尽同了。怎样可以拿一个笼统的宽严观念来制裁他们呢?

训育上的第二个不幸的事体就是担任训育人员的消极作用。他们惯用种种方法去找学生的错处。学生是犯过的，他们是记过的，他们和学生是两个阶级，在两个世界里活着。他们对于学生的困难问题漠不关心。我们希望今后办训育的人要打破侦探的技术，丢开判官的面具。他们应当与学生共生活，共甘苦，做他们的朋友，帮助学生在积极活动上行走。他们也不应当忘记同学互相感化的影响，最好还要运用同学去感化同学——运用朋友去感化朋友。

训育上还有个最不幸的事体。这事就是教育与训育分家，把教育看作知识范围以内的事，训育看作品行范围以内的事，以为学习知识与修养品行是受不同的原理支配的，甚至于一校之中管理教务与训育者不相接洽，或背道而驰。殊不知学习知识与修养品行是受同一学习心理定律之支配的。我们如果强为分家，必致自相矛盾，必致教知识的不管品行，管品行的不学无术。所以我们希望担任训育的人，要打破知识品行分家的二元论，而在知识品行合一上研究些办法出来。

训育难办，中等学校的训育更难办，当今中国之中等学校训育尤其难办。然而难处即是有兴味处。他所以难是因为他的问题繁多而复杂；他所以有兴味是因为他给我们研究的机会极丰富而不可限量。品行养成之要素是在一举一动前能下最明白的判断。这样一来，即刻牵涉到善恶、是非、曲直、公私、义利之分。这样一来，即刻牵涉到个人所处的地位、时会及发生关系的人。这样一来，问题可就多了，可就难了，可就真有兴味了。知道这里的难处，欣赏这里的兴味，才可以干训育的事。任训育者不是查房间，管请假，记大过，发奖品就算了事。他的最大责任是引导学生参与现代人生切要的生活，于一举一动前能下最明白的判断。全体教职员都有这个责任，即全体教职员都负有一部分训育上之任务，不过任训育者总其成罢了。

南京训育研究会的成立，就是一件很有价值的事。从此各人可以把实际的具体问题提出交换意见，共谋改进。最好是活动些，大家可以伸缩自如，不可勉强规定一致的办法，以致造成

机械的、呆板的训育系统。这种会的贡献就在唤起各人之主动思想，倘使每人提出经验上发生的问题，叫参与讨论的人都不得不慎重考虑，去谋适当的解决，便是很有价值了。像这样的训育研究会才值得推广哩。

——1926 年 11 月 5 日《新教育评论》第二卷第二十三期

中国师范教育建设论

教什么？怎样教？教谁？谁教？这是师范学校的几个基本问题。要想把师范学校办得好，必须把这些问题先弄明白。

师范学校首先要问的是：教什么？这是教材问题。施教的人不能无中生有，他必得要运用环境所已有的事物去引起学生之活动。所以遇了“教什么”这个问题，我们暂时可以下一句答语：有什么，学什么；学什么，教什么；教什么，就拿什么来训练教师。但是世界上有的东西，无计其数；所有的未必是所需要的。因此，我们姑且又要加上一句答语：要什么，学什么；学什么，教什么；教什么，就拿什么来训练教师。

所有和所要都知道了，我们立刻发生教法问题。我们要接着问一问：怎样教？教的法子要根据学的法子；学的法子要根据做的法子。教法、学法、做法是应当合一的。我们对于这个问题所建议的答语是：事怎样做就怎样学，怎样学就怎样教，怎样教就怎样训练教师。

教什么和怎样教绝不是凌空可以规定的。他们都包含“人”的问题。这问题就是：教谁？人不同则教的东西，教的方法，教的分量，教的次序都跟着不同了。我们要晓得受教的人在生长历程中之能力需要，然后才能晓得要教他什么和怎样教他；晓得了要教他什么和怎样教他，然后才晓得如何去训练那教他的先生。

预备要做先生的是哪种人？他对于教师职业的兴味、才能如何？他充当某种教师是否可以胜任愉快？现在实际在那儿当教师的是谁？师范学校所期望于他所训练的人有多少能做适当的教师？这也是师范学校要考虑的问题。我们的建议是：谁在那儿教，谁欢喜教，谁能教得好就应当训练谁。

就上面所说的，总起来看，我们知道师范学校，是要运用环境所有所需的事物，归纳于他所要传布的那种学校里面，依据做学教合一原则，实地训练有特殊兴味才干的人，使他们可以按着学生能力需要，指导学生享受环境之所有并应济环境之所需。这个定义包含三大部分：一是师范学校本身的工作，二是中心学校的工作，三是环境里的幼年人生活。这三大部分应当发生有机体的关系，使得他们的血脉可以流通，精神可以一贯。他们中间不当有丝毫的隔膜。一看这个定义，我们立刻晓得师范学校的出发点就是它所要传布的中心学校；中心学校的出发点就是环境里的幼年人生活。由此我们也就可以明白建设师范教育之历程。

环境里的幼年人生活既是中心学校的中心，我们首先就要把他弄个明白。我们要晓得幼年人在生长历程中有什么能力，有什么需要。我们虽不能完全知道，但是学者已经研究出来的，我们必须充分明了。幼年人不是孤立的，他是环境当中的一个人。环境对于幼年人的生活有两种大的力量。一是助力。自然界的光线、空气、食物、饮料在常态之下都是扶助人类生长的东西。社会里的语言、文字、真知、灼见以及别人的互相提携也都有扶助我们生长的作用。二是阻力。例如狂风、暴雨、水患、旱灾、虫害种种都是自然界与人为难的东西。社会方面的贪官、污吏、劣绅、土棍、盗贼以及一切不良的制度风俗也是我们生长的挡路物。可是阻力倘不太大，可以化为助力。逆境令人奋斗。生长历程中发生了困难才能触动思想，引起进步。人的脑袋就是这样长大的，文明也是这样进化的。我们应当运用自然界和社会界的助力阻力去培植幼年人的生活力，使他可以做个健全分子去征服自然，改造社会。因此，我们又要问自然界与社会界对于幼年人的生长有什么助力，有什么阻力？他们对于幼年人生长的贡献是什么？他们有什么缺憾要人力补天工之不足？一个环境对于幼年人生长之助力、阻力、贡献、缺憾，要具体的分析开来才能指导教育的实施。倘使囫囵吞枣，似乎没有多大用处。分析出来的具体事实必定是整千整万学校自然不能完全采纳进去。所以进一步的工作就是估量每件事实的价值。

价值估量之后再做选择的工夫，把价值最低的除开，需要可缓的除开，学校不必教不能教的除开，留下来的容纳到学校里去，编的教材，制为课程，佐以相当设备，配以相当程序，使教师指导学生脚踏实地的去做去学。这样一来，中心学校就可以办成了。这种学校是有根的；它的根安在环境里，吸收环境的肥料、阳光，化作自己的生命。所以它能长大，抽条，发叶，开花，结果。这种学校是与自然生活，社会生活联为一气的。它能适应环境的生活，也能改造环境的生活。它是本地的土壤里产生出来的，他自能在相类的环境里传布。我们可以祝它说："恭喜你多福，多寿，多儿子；儿子又生孙；孙又生儿子；子子孙孙生到无穷期，个个都像你，个个胜过你。"中心学校有了办法，再办师范学校。师范学校的使命，是要运用中心学校之精神及方法去培养师资。它与中心学校的关系也是有机体的，也是要一贯的。中心学校是它的中心而不是它的附属品。中心学校也不应以附属品看待自己。正名定义，附属学校这个名字要不得。实习学校的名字好得多，但是这个名字包含了"思想与实习分家"的意味，也不是最好的。师范学校的各门功课都有专业的中心目的，大部分都应当与中心学校联串起来。例如教育学，心理学等等功课若是附加的性质，决不能发生很大的效力。这种功课应当与实地教学熔为一炉，大部分应当采取理科实验指南的体裁以谋教学做之合一。我们进行时对于师范生本身之能力与需要当

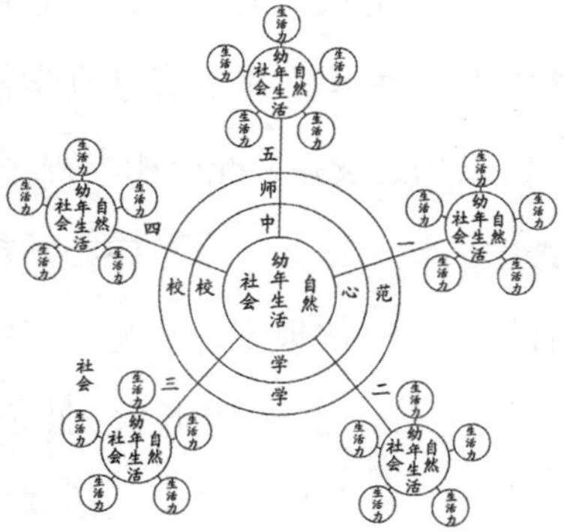

然要同时顾到。因为师范生将来出去办学的环境与中心学校的环境必定不能一模一样；要想师范生对于新环境有所贡献，必得要同时给他们一种因地制宜的本领。

师范毕业生得了中心学校的有效办法和因地制宜的本领，就能到别的环境里去办一个学校。这个学校的精神与中心学校是一贯的，但不是刻印板的，不是照样画葫芦的。它要适应它的特殊环境，也要改造它的特殊环境。

这个学校对于学生所要培植的也是生活力。它的目的是要造就有生活力的学生，使得个个人的生活力更加润泽丰富强健，更能抵御病痛，胜过困难，解决问题，担当责任，学校必须给学生一种生活力使他们可以单独或共同去征服自然，改造社会。

我们这里所建议的步骤是一气呵成的：自然社会里的生活产生活的中心学校；活的中心学校产生活的师范学校；活的师范学校产生活的教师；活的教师产生有生活力的国民。

这个建设历程，从头到尾，都是息息相通的，倘使发现不衔接，不联络，不适应的地方到处可以互相参考纠正，随改随进。所以中心学校随着自然社会生活继续不断的改进，师范学校随着中心学校继续不断的改进，地方学校随着师范学校继续不断的改进，自然社会生活又随着地方学校继续不断的改进。

上述师范教育的建设历程，倘用下图表示，更能一目了然。

说明：

自然社会里的幼年生活是中心学校之中心。

中心学校是师范学校之中心。

一、二、三、四、五是师范毕业生办的学校。

生活力代表师范毕业生所办学校培养之学生。

训练初级师范教员之高等师范或师范大学可于师范学校外加一圈并类推。

师范学校既以中心学校为中心，那么有哪一种的中心学校就有哪一种的师范学校：有幼稚园为中心学校，就可以办幼稚师范；有小学为中心学校，就可以办初级师范；有中学或师范为中心学校，就可以办高等师范或师范大学；有各种职业机关或学校做中心学校，就可以办各种职业师范。

师范学校既以中心学校为中心，就得跟着中心学校跑。凡有好的中心学校的地方都可以办个师范；凡是没有好的中心学校的地方都可以取消师范的招牌，否则就应当根本改造中心学校和各方面的关系，使他名实相副。师范学校人数也可不拘，看中心学校的容量而定。他能容几个人就是几个人，不必勉强。一个师范可以有几个中心学校；一个中心学校也可以做几个师范学校的公共中心。例如一个乡村师范可以有几个单级学校、几个复式学校、几个单式学校做他的中心学校。又例如一个好的中心小学里可以容纳初级中学、高级中学，甚至于大学程度的师范生在这里学习。初级中学程度的人在这里学习之后可以去当初小的教师，高级中学程度的人在这里学习之后可以去当高小的教师，大学程度的学生在这里学习之后可以去办初级师范或县立师范。

中心学校的成立有两种方式都可行。一是另起炉灶来创设，二是找那虚心研究，热心任事，成绩昭著并富有普遍性之学校特约改造，立为中心学校。这两种方式可以按照情形酌量采择施行。

有了中心学校，就可以在中心学校左近建筑或租借房屋开办师范班或师范学校。收录师范生可有两种办法。一是本校招收新生始终其事，予以完全训练。这种办法规模较大，需用人才、设备、经费也较多。二是招收他校将毕业而有志充当教师之学生或有相当程度之在职之教职员加以相当时期之训练：照这种办法，师范部只须准备宿舍、图书、讨论室、指导人才及所需之其他设备，就可开办。这是比较轻而易举的。毕业后发给修业证书，俟办成有生活力之学校始发给正式毕业证书。原肄业学校如因本校没有师范训练亦得依照规定手续保送相当学生来此学习。毕业证书可由两校合发。这种种办法各级师范都可适用。

上面所说的是建设中国师范教育的根本原理与实施概要。中国师范教育前清办理失策，以致师范学校与附属学校隔阂，附属学校与实际生活隔阂。我们所以有这种隔阂，是因为我们的师范教育或是从主观的头脑里空想出来的，或是间接从外国运输进来的，不是从自己的亲切经验里长上来的。这种师范教育倘不根本改造，直接可以造成不死不活的教师，间接可以造成不死不活的国民。有生活力的国民是要靠着有生活力的教师培养的；有生活力的教师又是要靠着有生活力的师范学校训练的。中国今日教育最急切的问题是旧师范教育之如何改造，新师范教育之如何建设。国家所托命之师范教育是决不容我们轻松放过的。我们很希望全国同志聚精会神的来对付这个问题。

——1926 年 12 月《新教育评论》第三卷第一期

中国乡村教育之根本改造

中国乡村教育走错了路！他教人离开乡下向城里跑。他教人吃饭不种稻，穿衣不种棉，做房子不造林。他教人羡慕奢华，看不起务农。他教人分利不生利。他教农夫子弟变成书呆子。他教富的变穷，穷的变得格外穷；他教强的变弱，弱的变得格外弱。前面是万丈悬崖，同志们务须把马勒住，另找生路！

生路是什么？就是建设适合乡村实际生活的活教育！我们要从乡村实际生活产生活的中心学校，从活的中心学校产生活的乡村师范；从活的乡村师范产生活的教师；从活的教师产生活的学生，活的国民。活的乡村教育要有活的乡村教师，活的乡村教师要有农夫的身手，科学的头脑，改造社会的精神。活的乡村教育要有活的方法，活的方法就是教学做合一：教的法子根据学的法子；学的法子根据做的法子。事怎样做，就怎样学，怎样学，就怎样教。活的乡村教育要用活的环境，不用死的书本。他要运用环境里的活势力，去发展学生的活本领——征服自然改造社会的活本领。他其实要叫学生在征服自然改造社会上去运用环境的活势力，以培植他自己的活本领。活的乡村教育，要教人生利。他要叫荒山成林，叫瘠地长五谷。他要叫农民自立、自治、自卫。他要叫乡村变为西天乐国，村民都变为快乐的活神仙。以后看学校的标准，不是校舍如何，设备如何，乃是学生生活力丰富不丰富。村中荒地都开垦了吗？荒山都造林了吗？村道已四通八达了吗？村中人人都能自食其力吗？村政已经成了村民自有、自治、自享的活动吗？这种活的教育，不是教育界或任何团体单独办得成功的，我们要有一个大规模联合，才能希望成功。那应当联合中之最应当联合的，就是教育与农业携手。中国乡村教育之所以没有实效，是因为教育与农业都是各干各的，不相闻问。教育没有农业，便成为空洞的教育，分利的教育，消耗的教育；农业没有教育，就失了促进的媒介。倘有好的乡村学校，深知选种调肥，预防虫害之种种科学农业，做个中心机关，农业推广就有了根据地、大本营，一切进行，必有一日千里之势。所以第一要教育与农业携手。那最应当携手的虽是教育与农业，但要求其充分有效，教育更须与别的伟大势力携手。教育与银行充分联络，就可推翻重利；教育与科学机关充分联络，就可破除迷信；教育与卫生机关充分联络，就可预防疾病；教育与道路工程机关充分联络，就可改良路政。总之乡村学校，是今日中国改造乡村生活之唯一可能的中心，他对于改造乡村生活的力量大小，要看他对于别方面势力联络的范围多少而定。乡村教育关系三万万四千万人民之幸福，办得好，能叫农民上天堂；办得不好，能叫农民下地狱。我们教育同志，应当有一个总反省、总忏悔、总自新。我们的新使命，是要征集一百万个同志，创设一百万所学校，改造一百万个乡村。我们以至诚之意，欢迎全国同胞一齐出来，加入这个运动！赞助他发展，督促他进行，一心一德的来为中国一百万个乡村创造一个新生命，叫中国一个个的乡村都有充分的新生命，合起来造成中华民国的伟大的新生命。

——1927 年 4 月《中华教育界》第十六卷第十期

生活工具主义者之教育

“教育以生活为中心”，这句话已经成为今日学校里的口头禅，但是细考实际，教育自教育，生活自生活，依然渺不相关，这是因为什么缘故？我们先前以“老八股”不适用，所以废科举，兴学堂，但是新学办了三十年，依然换汤不换药，卖尽气力，不过把“老八股”变成“洋八股”罢了。“老八股”与民众生活无关，“洋八股”依然与民众生活无关。但是新学校何以变成“洋八股”，何以与民众生活无关？这其中必有道理。

人的生活，必须有相当工具，才能表现出来。工具充分，才有充分的表现；工具优美，才有优美的表现；工具伟大，才有伟大的表现。“老八股”与“洋八股”虽有新旧之不同，但都是靠着片面的工具来表现的。这片面的工具就是文字与书本。文字与书本只是人生工具之一种，“老八股”与“洋八股”教育拿他当作人生的唯一工具看待，把整个的生活都从这个小孔里表现出去，岂不要把生活剥削得黄皮骨瘦吗？

文字、书本倘能用的得当，还不失为人生工具之一。但是“老八股”与“洋八股”的学生们却不用他们来学“生”，偏偏要用他们来学“死”。中国教育所以弄到山穷水尽，没得路走，是因为大家专靠文字、书本做惟一无二的工具，并且把文字、书本这个工具用错了。我们要想纠正中国教育，使他适应于中国国民全部生活之需要，第一就须承认文字、书本只是人生工具之一种，此外还有许多工具要运用来透达人生之欲望；第二就须承认我们从前运用文字、书本的方法是错的，以后要把他们用的更加得当些。

现在有一班人，开口就说：西方的物质文明比东方好；东方的精神文明比西方高。这句话初听似乎有理，我实在是百索不得其解。精神与物质接触必定要靠着工具。工具愈巧则精神愈能向着物质发挥，工具能达到什么地方即精神能达到什么地方。动物以四肢、百体为工具，所以他的精神活动亦以四肢、百体的力量所能达到的地方为限。人的特别本领就是不专靠自己的身体为工具。人能发明非身体的工具，制造非身体的工具，应用非身体的工具。文明人与野蛮人的最大分别就是文明人能把这些非身体的工具发明得格外多，制造得格外精巧，运用得格外普遍。有了望远镜，人的精神就能到火星里去游览；有了显微镜，人的精神就能认识那叫人生痨病的不是痨病鬼乃是痨病虫。今年五月七日第一次飞渡大西洋的飞行家林白从德国柏林通电话到美国和他的老母谈话，是精神交通破天荒的成功，也是物质文明破天荒的成功。精神文明与物质文明是合而为一的。这合而为一的媒介就是工具。教育是什么？教育是教人发明工具，制造工具，运用工具。生活教育教人发明生活工具，制造生活工具，运用生活工具。空谈生活教育是没有用的。真正的生活教育必以生活工具为出发点。没有工具则精神不能发挥，生活无由表现。观察一个国家或一个学校的教育是否合乎实际生活，只须看他有无生活工具，倘使有了，再进一步看他是否充分运用所有的生活工具。教育有无创造力，也只须看他能否发明人生新工具或新人生工具。中国教育已到绝境，千万不要空谈教育，千万不要空谈生活；只有发明工具，制造工具，运用工具是真教育，是真生活。

——1927 年

从野人生活出发

无锡开原小学校长潘一尘先生来帮助我们创办第三中心小学，和我们同住了六天。临去那一晚，我问他对于试验乡村师范的生活有什么感想。他说："你们这里简直是原始生活，不是农民生活。"我说："原始生活虽说不到，但是一部分确是野人生活，我们这里的教育是从野人生活出发，向极乐世界探寻。"这段谈话，虽是寥寥数语，却能表示晓庄教育之真相。封建制度下之农民生活是最不进步的。他们一天一天的过去，好像人生毫无问题。乡村教育虽是为农民谋幸福，但从农民生活出发，能否达到目的是很可怀疑的。所以我们鼓起勇气把乡村教育的摆子使劲摆到野人生活上去。野人生活是最富于问题的。生活上的实际问题一个一个的来到我们面前，命令我们思想，要求我们解决。这些问题来势急于星火，不容我们苟且偷安。倘使我们不振作精神，当机立断，必定有不堪言状的痛苦，甚而至于只有死路一条。山上出狼，我们必得学习打猎。地上有蛇，我们必得学习治毒。

聚蚊成雷，我们必得学习根本铲除蚊子的方法。衣、食、住、行各种问题，我们在尝试野人生活的时候得到了极亲切的了解。没有到晓庄以前，没有住在晓庄以前，我们对于这些生活需要简直是一知半解。嘴里虽能说得头头是道，其实心中哪里觉得到啊。我们从野人生活里面感觉到人的身体是不足以应付环境的。我们觉得人类要想征服天然势力，必须发明、制造、运用身体以外的工具。我们自从尝了野人生活，对于工具觉得万分重要，没有生活工具，简直不必空谈生活教育。可是朋友们不要误会，我们不是要做羲皇上人，我们的黄金时代是在未来。我们从野人生活出发，不是没有出息，开倒车，要想长长久久的做野人。出发的号令已下，我们要向极乐世界去探寻了。

——1927 年

艺友制师范教育答客问

艺友制是什么？艺是艺术，也可作手艺解。友就是朋友。凡用朋友之道教人学做艺术或手艺便是艺友制。

艺友制如何可以应用到师范教育上来？师范教育的功用是培养教师。教师的生活是艺术生活。教师的职务也是一种手艺，应当亲自动手去干的。那些高谈阔论，妄自尊大，不屑与三百六十行为伍的都不是真教师。学做教师有两种途径：一是从师。二是访友，跟朋友操练比从师来得格外自然，格外有效力。所以要想做好教师，最好是和好教师做朋友。凡用朋友之道教人学做教师，便是艺友制师范教育。

艺友制是如何发现的？发现艺友制之起因有二：一是由于感觉现行师范教育之缺憾；二是由于感觉各种行业实行艺徒制之实效。现行师范教育将学理与实习分为二事，简直是以大书呆子教小书呆子，所出的人才和普通中学不相上下。国内少数优良小学全凭天才做台柱。至于师范教育的贡献还是微乎其微。大多数受过师范训练的人，至今办不出一个可以令人佩服的学校，岂不是大可叹息的事吗？我们再看看木匠徒弟所做的桌椅，裁缝徒弟所做的衣服，漆匠徒弟所做的牌匾，不由人要觉得十分惭愧的。艺友制便是这种叹息惭愧的土壤里面发生出来的一根嫩苗。现在中国职业界有一个不好的趋势，这趋势便是以仿效学校为荣。所以有汽车学校、理发学校、洗衣学校，这种学校，那种学校，不一而足。谁知道一染了学校气，便是失败之母。我可以断定黎锦晖、黎明晖办的中华歌舞团，比他们办的中华歌舞学校效力要大得多。三百六十行虽然不可跟学堂学，但是学堂实在应当跟着三百六十行学才好。我们这艺友制，便是要跟三百六十行学点乖，好去培植些真人才。

那么艺友制是否要起而代替师范学校？不是的，师范学校应当根本改造，不应当废除，现在各省归并师范的潮流，是欠深谋远虑的。不过我们主张的艺友制是要和师范学校相辅而行的，不是拿来替代师范学校的。

徒弟制既行之有效，何不爽爽快快的就称他为艺徒制的师范教育？艺徒制虽是有效力，但也有缺点。徒是步行的意思，倘若师傅引着徒弟一同步行，当然是很好的，但是有些师傅坐着汽车要徒弟跟着跑，那就不好了。平常工匠待艺徒如奴仆，秘诀心得又不肯轻传，以致事业不能进步，光阴多耗于没有教育价值之工作，所以艺徒的名词，最好不再沿用。换一个友字，则艺徒的好处一概吸收，坏处一概避免了。

艺友制研究是使用什么方法？艺友制的根本方法是教学做合一：怎样做便怎样学，怎样学便怎样教。教的法子根据学的法子，学的法子根据做的法子。先行先知的在做上教；后行后知的在做上学。大家共教共学共做，才是真正的艺友制；惟独艺友制才是彻底的教学做合一。

什么地方能行艺友制？凡学校有一艺之长的教师便可招收艺友，从幼稚园到研究所，只要这个条件符合，都可试行艺友制。假使中国现有之二十万学校个个有把握，便个个可收艺友，个个可做训练教师之中心，每年训练一位，只要五年便可解决普及四年小学教育所要之师资问题。但是一百个学校当中至少有九十个是没有把握的，我们的责任是要使没有把握的学校变为有把握的学校，使有把握的学校个个都变做训练教师的一个小小的中心。

艺友制的理论，看来似乎是站得住，但是有没有地方实行过，结果好不好？我们考察乡村学校后，觉得燕子矶小学、尧化门小学、开原小学的办法很可为他校取法，便于前年与这几个学校约设铺位，使远道来校参观的人可以留校作较长时期之研究。这便是艺友制之发端。后来江问渔先生要在板浦创办小学，便派了他的侄儿江君希彭到燕子矶小学过了三个月的生活，很得实益。这是第一个具体的例子。去年秋季燕子矶幼稚园成立，丁夫人和两位女毕业生随着张徐两指导学办乡村幼稚园，进步也很快。至此，我们对于这种办法发生了极大的希望。我们深信这种办法不但是最有效力之教师培植法，并且是解除乡村教师寂寞和推广普及教育师资之重要途径。这时，我们还找不到一个更适当的名词，只好迁就称他为徒弟制。但是总觉得徒弟制这个名词不能完全表出我们的真意，所以迟迟的不愿发表。今年一月五日早晨，忽然想出艺友制三字来代表这种办法，大家都欢喜得很。现在南京六校已经联合开始招收艺友，市教育局陈鹤琴课长并拟在市立实验小学及幼稚园中试行。就以往结果观察，我们以为只要有人负责指导，艺友制是值得一试的。

——1928 年 1 月 31 日《乡教丛讯》第二卷第二期

第二年的晓庄

晓庄学校头一年摸黑路的经过，已经在一周纪念刊上发表过，现在我要从同志们在第二年所探获的结果里，拣那含有普遍性的报告出来，以供大家参考，并求指教！

（一）二亲原则。我们自从跳进实际生活中去工作，便觉得真正的教育，必须使学者和人民万物亲近。与人民亲近是“做人”的第一步。与万物亲近是“格物”的大门口。专在书本上学“做人”“格物”的道理究嫌隔膜。所以我们要把汗牛充栋的书本移在两旁，做我们生活的助手，不可使他们立在中央，把我们和人民万物的关系离间掉。

（二）教学做合一。我们时常听见这样的批评：“教学做合一，好是很好，怕初级中学以下的学生不容易行。”我们现在可以答复：“教学做合一不但初级中学能行，小学也能行，就是幼稚园也无不可行。”本来，教学做合一只是生活法。既是生活法，那么，凡是活人都是能行的，只须看看晓庄幼稚园小朋友所种的菜，这种问题是不必辩论了。教学做合一的制度最需要考核，在这一年之终，我们已经找到了具体办法去考核成绩，以后进行自可比从前更有把握。

（三）集团的中心。我们开始便主张以乡村小学做改造乡村社会的中心。倘使单凭一个光棍的小学去改造社会，力量当然薄弱，收效也是很慢。不过倘使小学教师转个念头，把好村民以及小学生都当为合力作战的同志，力量也就不孤了。如果进一步，把一县或一区的中心小学团结联络起来，而以一乡村师范总其成，那么，力量既然集中，收效自可加速。这种集团的中心，本校正在试验着。

（四）乡村幼稚园。幼稚园为乡村最需要的一种教育，已由理论而得到实际的证明。这一年中，晓庄幼稚园、尧化门幼稚园、万寿庵幼稚园、和平门幼稚园继燕子矶幼稚园而起，不久便可以普及到中心小学所在之村庄。这是乡村儿童教育的基础，乡村妇女教育的大关键，应当切实推广的。

（五）生活教育的五目标。生活教育的目标，分拆开来，在乡村小学里，应当包含五种：一健康的体魄；二农人的身手；三科学的头脑；四艺术的兴趣；五改造社会的精神。我主张以国术来培养健康的体魄，以园艺来培养农人的身手，以生物学来培养科学的头脑，以戏剧来培养艺术的兴趣，以团体自治来培养改造社会的精神。园艺、生物、团体自治已稍有成效可睹。国术与戏剧，尚待试行。

（六）大家一同干。民众活动有三种方式：一是观民众干；

二是替民众干；三是和民众一同干。晓庄取第三种方式，和民众一同干。我们觉得观民众干是自己处于旁观地位；替民众干是令民众处于旁观地位，更有人存政举人亡政息之弊。唯独加入民众当中做一分子和他们一同起劲的干，才是最有效的民众活动。

（七）经济中心的乡村妇女。教育乡村妇女教育若从文字入手，往往失败。晓庄开办乡村妇女教育失败过三次，引起不少人的灰心。但是抱着屡败屡战的精神，我们便决定改变方法，以生利训练为中心，而以文字和别种训练为副，现在试验期短，尚不能有具体成效，但似乎是一条比较可以走得通的路。

（八）民众的武力。从前晓庄五里以内有烟馆二十六所。新年赌博遍地皆是，匪警也是常有的。但是自从乡村自卫团组织以来，民众的武力造成，公安局及驻军联盟缔结，四十里周围之烟赌匪患便一扫而空。试以赌博为例，茶馆一有赌博，小学生便潜去参观。学校一年教不好的孩子，赌场一天可以把他教坏。那么，造成民众武力以扫除那毁坏教育工作之恶势力，怕也是我们应当注意的一件事罢。

（九）戏剧力量的伟大。南国社同志第一次到晓庄来的那一天是最可纪念的。那天晚上我们看见革命的艺术初次下乡与革命的教育携手。不久，我们便成立了晓庄剧社，把农民生活捧上舞台，从阴历正月初一起演了五天。连赌场烟馆的民众，都被我们吸引来了，这是多么痛快的事啊！而且受着公演的压迫，演员对于音乐、文学、国语、应对以及种种人生艺术都可藉以一日千里的前进。我们深信戏剧有唤醒农民的力量。从心头滴下来的眼泪是能感动人的。

（十）想到而没有做到的。我们还有几件想到而没有做到的事情，写出来，请乡村教育同志注意。一是县长训练的重要，县长为亲民之官，在历史上享有特别重要地位。现在以县为自治单位，这个位置是要格外显得重要了。有了好的县长，乡村教育同志一年可以干出十年的成绩，没有好的县长，十年做不出一年的事业。培养两千位好县长，中国乡村教育，不，中国的建设，可算是干成一大半了。二是农暇副业的重要。中国农人全年约有五个月空闲没得事做。假使能乘这个机会训练他们些副业，那么，他们的生计立刻可以好些。三是如何训练农民享受工业文明的利益而不至被他淘汰。中国虽是以农立国，但趋势是向着工业文明前进的。如何叫机器为农人做工，而不至把农民吞掉，是乡村教育一个顶大的问题。

最后，我还要说去年所说过的一句话。要想完成乡村教育的使命，属于什么计划方法都是次要的，那超过一切的条件是同志们肯不肯把整个的心，献给乡村人民和儿童。真教育是心心相印的活动。唯独从心里发出来的，才能达到心的深处。

成人和孩子个个有丰富的生活力、思想力，使个个乡村能富足起来。换言之，便要使人能尽其才，物能尽其用，地能尽其利了吧。现在这件工作，做到了几分之几了？在晓庄的同志们和从事乡村教育的同志们曾经想过么？现在应当向什么地方去努力呢？

晓庄不过二年的历史，我们回想到第一次的开学是在荒山里坟墓中举行的；第二次的纪念礼，便有许多农友来送礼，男男女女到会的竟有两三千人。这种突飞猛进，与农民亲近的程度，实在值得人异样的感觉的。现在是举行两周年的庆祝礼了，我们便可卜得我们的成绩，在农友对我们的感情上。

如其我们联想到十年、二十年……百年、千年的庆祝礼，全国的农友，应当对我们怎样的热望和恭贺呀！那么，我们的努力，应当跟着庆祝同时提起来呢。

——1929 年 6 月《地方教育》第五期

生活即教育

今天我要讲的是“生活即教育”。中国从前有一个很流行的口号，我们也用得很多而且很熟的，就是“教育即生活”。教育即生活这句话，是从杜威先生那里来的，我们过去是常常用它，但是，从来没有问过这里面有什么用意。现在，我把它翻了半个筋斗，改为“生活即教育”。在这里我们就要问：“什么是生活？有生命的东西，在一个环境里生生不已的就是生活。譬如一粒种子一样，它能在不见不闻的地方发芽、抽条、开花，从动的方面看起来，好像晓庄剧社在舞台演戏一样。“生活即教育”这个演讲，从前已经讲了两套，现在重提我们的老套。

第一套就是：

是生活就是教育；

是好生活就是好教育，是坏生活就是坏教育；

是认真的生活就是认真的教育，是马虎的生活就是马虎的教育；

是合理的生活，就是合理的教育，是不合理的生活，就是不合理的教育；

不是生活就不是教育；

所谓之生活未必是生活，就未必是教育。

一九二九年冬，晓庄师范学校举行乡村教师讨论会，本文是作者在会上的讲话记录，后来作者将这篇文章编入《教学做合一之系统研究》时做了修改。

第二套是第二次讲的时候包括进去的，是按着我们此地的五个目标加进去的：

康健的生活就是康健的教育；非康健的生活，就是非康健的教育；

劳动的生活，就是劳动的教育；非劳动的生活，就是非劳动的教育；

科学的生活就是科学的教育；非科学的生活，就是非科学的教育；

艺术的生活，就是艺术的教育；非艺术的生活，就是非艺术的教育；

改造社会的生活，就是改造社会的教育；非改造社会的生活，就是非改造社会的教育。

近来，我们有一个主张，是每一个机关、每一个人在民国十九年度里都要有一个计划，这样，在十九年度我们所过的生活，就是有计划的生活，也就是有计划的教育。于是，又加了这么一套：

有计划的生活便是有计划的教育；没有计划的生活，就是没有计划的教育。

我今天所要说的，就是：我们此地的教育，是生活教育，是供给人生需要的教育，不是作假的教育。人生需要什么，我们就教什么。人生需要面包，我们就得过面包生活，受面包的教育；人生需要恋爱，我们就得过恋爱生活，也受恋爱的教育。照此类推，照加上去，是那样的生活就是那样的教育。

与“生活即教育”有联带关系的就是“社会即学校”。“学校即社会”也就是跟着“教育即生活”而来的，现在我也把它翻了半个筋斗，变成“社会即学校”。整个社会的活动，就是我们的教育的范围，不消谈什么联络而它的血脉是自然流通的。不要说“学校社会化”。譬如说现在某人革命化，就是某人本来不革命的。假使某人本来是革命的，还要“化”什么呢？讲“学校社会化”，也是犯同样的毛病。“社会即学校”，我们的社会就是学校，还要什么社会化呢？现在我有一个比方，学校即社会，就好像把一只活泼泼的小鸟从天空里捉来关在笼里一样。它要以一个小的学校去把社会所有的一切东西都吸收进来，所以容易弄假。社会即学校则不然，它是要把笼中的小鸟放到天空中使它能任意翱翔，是要把学校的一切伸张到大自然里去。要先能做到“社会即学校”，然后才能讲“学校即社会”；要先能做到“生活即教育”，然后才能讲到“教育即生活”。要这样的学校才是学校，要这样的教育才是教育。

杜威先生在美国为什么要主张教育即生活呢？我最近看到他的著作，他从俄国回来，他的主张又变了，已经不是教育即生活了。美国是一个资本主义的国家，他们是零零碎碎的实验，有好多的教育家想达到的目的，不能达到，想实现的不能实现。然而在俄国已经有的达到了，实现了。假使杜威先生在晓庄，我想他也必主张“生活即教育”。

杜威先生是没有到过晓庄来的，克伯屈先生是到过晓庄来的。克伯屈先生离了俄国而来中国，他说：离开莫斯科不远的地方，有一个人名叫夏佛斯基的，他在那里办了一所学校，主张有许多与晓庄相同的地方。我看了杜威先生的书，他说现在俄国的教育，很受这个地方的影响，很注意这个地方，他们的办法与我们的生活即教育，社会即学校的主张不谋而合。克伯屈先生问我们在文字上通过消息没有？我说没有。我又问他：夏佛斯基这个人是不是共产党？他说不是。我又问他：“他不是共产党，又怎么能在共产党政府下办教育呢？”他说：“因为他是要实验一种新教育，所以俄政府许可他实验。”我又对他说这一点倒又和我相合，我在国民党政府之下办教育，而我也不是一个国民党党员。这是克伯屈先生参观晓庄后与我谈的话。

现在我们这里的主张，已经到了实现的时期了，问题是在怎样的实现？从历史看来，可以分作三个时期：

第一个时期，生活是生活，教育是教育，两者是分离而没有关系的。

第二个时期，是教育即生活，两者沟通了，而学校社会化的议论也产生了。

第三个时期，是生活即教育，就是社会即学校了。这时期也可以说是开倒车，而且一直开到太古时代去，因为太古的时代，社会就是学校。这一期，也就是教育进步到最高度的时期。

其次，要讲生活即教育与社会即学校，有几方面是要开仗的，而且是不痛快的，是很烦恼的，而与我们有极大的冲突的。

第一，在这个时期，是各种思潮在中国谋实现的时期。中国几千年来传统教育所支配的许多传统思想都要在此时期谋取它的地位。第二是外来的各种文化，如德国的以文化为中心的教育，英国的绅士的教育，美国的拜金教育。第三是外国文化都在中国倾销，从各国回来的留学生便是推销外国文化的买办。

现在先说中国遗留下来的旧文化与我们的生活即教育，社会即学校的主张是冲突的。中国从前的旧文化，是上了脚镣手铐的。分析起来，就是天理与人欲，以天理压迫人欲，做的事无论怎样，总要以天理为第一条件。

它是以天理为一件事，人欲为一件事。人欲是不对的，没有地位的。在生活即教育的原则之下，人欲是有地位的，我们不主张以天理来压迫人欲的。这里，我们还得与戴东原先生的主张打一打通，他说理不是欲外之理，不是高高的挂在天空的，欲并不是很坏的东西，而是要有条有理的。我们这里主张生活即教育，就是要用教育的力量，来达民之情，遂民之欲，把天理与人欲打成一片。

与此有联带关系的就是“礼教”。现在有许多人唱“礼教吃人”的论调，的确，礼教吃的人，骨可以堆成一个泰山，血可以合成一个鄱阳湖。我们晓得，礼是什么？以前有人说：礼是养生的，那是与生活即教育相通的。这种礼，我们不惟不打倒，并且表示欢迎。假若是害人之礼，那就是要把人加上脚镣手铐，那是与我们有冲突的，我们非打倒不可。因为生活即教育是要解放人类的。

再次，中国从前有一个很不好的观点，就是看不起小孩子。把小孩子看成小大人，以为大人能做的事小孩也能做，所以五六岁的小孩，就教他读《大学》《中庸》。换句话说：就是小孩子没地位。我们主张生活即教育，要是儿童的生活才是儿童的教育，要从成人的残酷里把儿童解放出来。

还有一点要补充进去的，就是书本教育。从前的书本教育，就是以书本为教育，学生只是读书，教师只是教书。在生活即教育的原则之下，书是有地位的，过什么生活就用什么书，书不过是一种工具罢了。书是不可以死读的，但是不能不活用。从前有许多像这样的东西，非推翻不可的，否则不能实现生活即教育。

现在外国传进来的思潮，也有许多与我们是相冲突的。以文化做一个例吧！以文化做中心的教育，它的结果是造成洋八股。文化是人类创造出来的，固然是非常的宝贵，但它也不过是一种工具而已，不能当做我们教育的中心。人为什么要用文化？是要满足我们人生的欲望，满足我们生活的需要。电灯是文化，我们用了它，可以把一切看得更明白。无线电是文化，我们用了它，可以更便利。千里镜是文化，我们用了它，可以钻进土星、木星里去。……所以文化是生活的工具，它是有它的地位的。我们不惟不反对，而且表示欢迎。欢迎它来做什么呢？就是满足我们生活的需要。有些人把它弄错了，认它做一种送人的礼物，这是不对的。文化要以参加做基础，有了这参加的最低限度的基础，才能了解，才能加上去。生活即教育，与以文化为中心的教育不同，就是如此。

还有训育与生活即教育的理论怎么样？生活即教育与训育把训与教分家的关系怎么样？生活即教育与社会即学校如何实现？小学里如何把它实现出来？假使诸位以为是行得通的，最好是每一个人拟好一个方案来交我，那一部分可以实现，我们就拿那个地方当一个社会实现出来。

现在我举一个例说：去年天干，和平学园因为急于要水吃，就开了一个井。井是学校开的，但是献给全村公用，不久就发现了两大问题：

（一）每天出水二百担，不敷全村之用，于是大家都起早取水，后到的取不到水，明天又比别人早，甚至于一夜到天亮，都有取夜水的，到天亮时，井里的水已将干了。群众在井边候水，一勺一勺的取，费尽了力气才打出一桶水。

（二）大家围着取水，争先恐后，有时甚至用武力解决。这种现象，假使是学校即社会，就可以用学校的权力来解决，由学校出个命令，叫大家照着执行。社会即学校的办法就不然，它觉这是与全村人的生活有关系的，要全村的人来解决。于是就开了一个村民大会，一共到了六七十个人，共同来做一个吃水问题的教学做。到会的人，有老太婆，也有十二三岁的小孩子，公推了一位十几岁的小学生做主席。我和许多师范生，就组织了一个顾问团，插在群众当中，指导我们的主人开会。老太婆说的话顶多，而且最扼要。他们在开会时学开会。结果，共同议决了几件事：

（1）井水每天休息十小时，下午七时至上午五时不许取水，违者罚洋一元，充修井之用。

（2）每次取水，先到先取，后到后取，违者罚小洋六角，充修井之用。

（3）公推刘君世厚为监察员，负责执行处罚。

（4）公推雷老先生为开井委员长，筹款加开一井，茶馆、豆腐店应多出款，富户劝其多出。于最短期内，由村民团结的力量，将井开成。

这几个议案是由村民大会通过的。这就是社会即学校的办法。由此，我有几个感触：

（一）民众运动，要以对于民众有切身关系的问题为中心。

（二）社会运动，非以社会即学校，则不能彻底实行，而社会即学校，是有实现的可能的。

（三）不要以为老太婆、小孩不可培养，只要有法子，只要能从他们迫切的问题着手。

（四）公众的力量比学校大，假使由学校发布命令解决，社会上了解的人少，而且感情将由此分离。

（五）民众没有指导是不行的，和平门吃水问题，倘无相当指导，可以再过四五千年还没有解决。

（六）进行民众运动是要陪着民众干，不是替民众干，要想培养中华国民，非此不可。

这就是以小学所在地做一个学校的例，其余的例子很多，不必多举。社会即学校要如何的实现，请大家一样一样的做个方案，二次开会的时候再谈。

这是证明“生活即教育”与“社会即学校”是相联的。

关于“生活即教育”，我现在可再补充一套。我们是现代的人，要过现代的生活，就是要受现代的教育。不要过从前的生活，也不要过未来的生活。若是过从前的生活，就是落伍，若要过未来的生活，就是要与人群隔离。以前有一部书叫《明日之学校》，大家以为很时髦，讲的很熟的。我希望乡村教师，要办今日之学校，不要办明日之学校。办今日之学校，使小学生过今日之生活，受今日之教育。

我们主张“社会即学校”，是因为在“学校即社会”的主张下，学校里的东西太少，不如反过来主张“社会即学校”，教育的材料，教育的方法，教育的工具，教育的环境，都可以大大的增加。学生、先生也可以多起来，因为在这样办法下，不论校内校外，都可以做师生的。“学校即社会”一切都戚少，校外有经验的农夫，就没有人愿意去领教；校内有价值的活动，外人也不能受益。

如上所言，坏的社会也可以做学校吗？

坏的社会，我们也要认识，也要有所准备，才能生出抵抗力，否则一入社会，便显出手忙足乱的情状来。

总之：没有生活做中心的教育是死教育。没有生活做中心的学校是死学校。没有生活做中心的书本是死书本。在死教育、死学校、死书本里鬼混的人是死人——先生是先死，学生是学死！先死与学死所造成的国是死国，死国所造成的世界是死世界。

——1930 年 3 月 29 日《乡村教师》第九期

教学做合一下之教科书

生活教育与教学做合一对于书之根本态度。

生活教育指示我们说：过什么生活用什么书。教学做合一指示我们说：做什么事用什么书。这两句话只是一句话的两样说法。我们对于书的根本态度是：书是一种工具，一种生活的工具，一种“做”的工具。工具是给人用的，书也是给人用的。我们对一本书的见面问是：你有什么用处（当然是广义的用处）？为读书而读书，为讲书而讲书，为听书而听书，为看书而看书，再不应该夺取我们宝贵的光阴。用书必有目的。遇到一本书我们必须问：你能帮助我把这件事做得好些吗？你能帮助我过一过更丰富的生活吗？我们用书，有时要读，有时要讲，有时要听，有时要看，但是读、讲、听、看都有一贯的目的，这目的便是它们对于“用”的贡献。在诗的学校里有一首诗描写我们对于书的总态度：

用书如用刀；

不快便领磨。
呆磨不切菜，
何以见婆婆？

中国教科书之总批评。

我们试把光绪年间出版的教科书和现在出版的教科书比较一下，可以看出一件惊人的事实，这事实便是三十年来，中国的教科书在枝节上虽有好些进步，但是在根本上是一点儿变化也没有。三十年前中国的教科书是以文字做中心，到现在中国的教科书还是以文字做中心。进步的地方：从前是一个一个字的认，现在是一句一句的认；从前是用文言文，现在是小学用白话文，中学参用白话文与文言文；从前所写的文字是依着忠君、尊孔、尚公、尚武、尚实的宗旨，现在所写的文字是依着三民主义的宗旨。但是教科书的根本意义毫未改变，现在和从前一样，教科书是认字的书，读文的书罢了。从农业文明渡到工业文明最重要的知识技能，无过于自然科学，没有真正可以驾驭自然势力的科学则农业文明必然破产，工业文明建不起来，那是多么危险的事啊！但是把通行的小学常识与初中自然教科书拿来审查一番，您立刻发现它们只是科学的识字书，只是科学的论文书。这些书使您觉得读到胡子白也不能叫您得着丝毫驾驭自然的力量。这些教科书不教您在利用自然上认识自然。它们不教您试验，不教您创造。它们只能把您造成一个自然科学的书呆子。国民党以党义治国。党义，从国民党的观点看来，又是何等重大的一门功课呀！固然，党军既得南京之后，没有一家书店不赶着编辑党义教科书。党政府看了这些教科书也以为教育从此可以党化，小孩子个个都可以成为“三民主义”的信徒了。但是把这些书仔细看一看，不由您又要惊讶了，您立刻发现它们只是党义识字书，只是党义论文书。它们教您识民权的字，不教您拿民权；教您读民主的书，不教您干民主的事。在这些书里您又可以看出编辑人引您开倒车开到义和团时代以前。他们不教小朋友在家里、校里、村里、市里去干一点小建设、小生产以立建国之基础，却教小孩子去治国平天下，这不是像从前蒙童馆里的冬烘先生拿《大学》《中庸》把小朋友当小鸭子硬填吗？照这样干法，我可以断定，小孩子决不会成为三民主义有力量的信徒，至多，他们可以成为三民主义的书呆子。

中国的教科书虽然以文字做中心，但是所用的文字不是第一流的文字。山德孙先生在昂多学校里就不用教科书。他批评英国的教科书为最坏的书。中国初中以下的教科书不比英国的好。我读了中国出版的教科书之后，我的感想和山德孙先生差不多。我不能恭维中国初中以下的教科书是小孩子值得读的书。在我的《中国自然科学教科书之解剖》一篇论文中，我将毫不避讳的罗列各家教科书之病菌，放在显微镜下请大家自己去看。我现在只想举一个普通的例子来做个证明。诸位读了下面三节教科书做何感想?

甲家书馆 乙家书馆 丙家书馆

大狗叫，小小猫，小小猫，

小狗跳。快快跑。小小猫。

叫一叫，小小猫，快快跑，

跳两跳。快快跑。快快跑。

若不是因为每个小学生必得有一本教科书，每本教科书必得有书馆编好由教育部审定，谁愿意买这种有字有音而没有意义的东西呀？请诸位再看刘姥姥赴贾母宴会在席上低着头引得大家哄堂大笑的几句话：

老刘，老刘，

食量大如牛，

吃个老母猪，

不抬头。

这样现成的好文学在以文字为中心的教科书中竟找不着一个地位，而“大狗叫，小狗跳”的无意义的文字，居然几百万部的推销出去。所以中国教科书虽以文字为中心，却没有把最好的文字收进去。这是编书人之过，不是文字中心之过。

中国的教科书不但用不好的文字做中心，并且用零碎的文字做中心，每课教几个字，传授一点零碎的知识。学生读了一课，便以为完了，再也没有进一步追求之引导。我们读《水浒》《红楼梦》《鲁滨逊漂流记》一类小说的时候，读了第一节便想读第二节，甚至于从早晨读到夜晚，从夜晚读到天亮，要把它一口气读完了才觉得痛快。中国的教科书是以零碎文字做中心，没有这种力量。有人说，中国文人是蛀书虫。可是教科书连培养蛀书虫的力量也没有。蛀书虫为什么蛀书？因为书中有好吃的东西，使它吃了又要吃。吃教科书如同吃蜡，吃了一回，再不想吃第二回，连蛀书虫也养不成！可是，这也是编书人不会用文字之过，不是文字中心之过。

文字中心之过在以文字当教育，以为文字之外别无教育。以文字做中心之教科书实便于先生讲解，学生静听。于是讲书、听书、读书，便等于正式教育而占领了几乎全部之时间。它使人坐而言，不使人起而行。教育好比是菜蔬，文字好比是纤维，生活好比是各种维他命。以文字为中心而忽略生活的教科书好比是有纤维而无维他命之菜蔬，吃了不能滋养体力。中国的教科书是没有维他命的书。它是上海上等白米，吃了叫人害脚气病，寸步难行。它是中国小孩子的手铐，害得他们双手无能。它是死的、假的、静止的，它没有生命的力量。它是创造、建设、生产的最大的障碍物。它叫中国站在那儿望着农业文明破产而跳不到工业文明的对岸去。请看中国火车行了几十年而第一个火车头今年才造起来，这是中国科学八股无能之铁证！而这位制造中国第一个火车头之工程师，十分之九没有吃过上海白米式的科学教科书。或者也吃过，后来又吃了些糠秕，才把脚气病医好，造了这部特别难产的火车头。以文字做中心的教科书在二十世纪里是产生不出力量，最多，如果用好的文字好好的编，也不过能够产生一些小小书呆子，小小蛀书虫。

假使再来一个秦始皇把一切的教科书烧掉，世界上会失去什么？

大书呆子没有书教，小书呆子没有书读，书呆头儿出个条子："本校找不到教科书，暂时停课。"

于是，有的出去漂洋游历，也许会成达尔文；有的在火车上去卖报做化学实验，也许会成爱迪生；有的带着小朋友们上山游玩，也许会成柯斯特；有的回去放牛、砍柴、捞鱼、种田、缫丝，多赚几口饭儿吃。少几个吃饭不做事的书呆子，多几个生产者、建设者、创造者、发明者，大概是这位秦始皇第二的贡献吧。

生活教育与教学做合一之总要求。

我们要活的书，不要死的书；要真的书不要假的书；要动的书不要死的书；要用的书不要读的书。总起来说，我们要以生活为中心的教学做指导，不要以文字为中心的教科书。我要声明在先，我并不拘于文字之改变。倘使真的拿生活为中心，使文字退到工具的地位，从死的、假的、静的、读的，一变而为活的、真的、动的、用的，那么就称它为教科书我也不反对；倘使名字改为生活用书或教学做指导，还是以文字为中心，便利先生讲解，学生静听而不引人去做，我也不能赞成。但是，如果能够做到名实相副，那就格外的好了。

生活用书或教学做指导是怎样编法呢？最先须将一个现代社会的生活或该有的力量，一样一样的列举、归类，组成一个整个的生活系统，即组成一个用书系统。例如：

要培养的生活力	要用的书
1. 防备霍乱	1. 防备霍乱指导
2. 防备伤寒	2. 防备伤寒指导
3. 防备天花	3. 防备天花指导
4. 防备感冒	4. 防备感冒指导
5. 防备肺痨	5. 防备肺痨指导
6. 防备梅毒	6. 防备梅毒指导
7. 打篮球	7. 打篮球指导
8. 踢球	8. 踢球指导
9. 选择食物	9. 选择食物指导

10. 选择衣料
11. 种菜
12. 种麦
13. 种树
14. 养蚕
15. 养鸡
16. 养鱼
17. 养鸟
18. 纺纱
19. 织布
20. 扫地
21. 调换新鲜空气
22. 用风车水
23. 制造抽气唧筒
24. 制造气压表
25. 用空气压力钻钢
26. 用氮气做肥料
27. 用太阳光烧饭
28. 用太阳光杀菌
29. 用太阳光照相
30. 用水推磨
31. 用水发电

10. 选择衣料指导
11. 种菜指导
12. 种麦指导
13. 种树指导
14. 养蚕指导
15. 养鸡指导
16. 养鱼指导
17. 养鸟指导
18. 纺纱指导
19. 织布指导
20. 扫地指导
21. 调换新鲜空气指导
22. 用风车水指导
23. 制造抽气唧筒指导
24. 制造气压表指导
25. 用空气压力钻钢指导
26. 用氮气做肥料指导
27. 用太阳光烧饭指导
28. 用太阳光杀菌指导
29. 用太阳光照相指导
30. 用水推磨指导
31. 用水发电指导

32. 用水化铁
33. 用磁石发电
34. 造罗盘
35. 用电磁举钢铁
36. 用煤黑油取颜料
37. 造汽车
38. 造蒸汽机
39. 用电发光
40. 用电推车
41. 用电谈话
42. 用电相见
43. 用泥造瓷器
44. 造屋
45. 造桥
46. 造船
47. 造纸
48. 造飞机
49. 用显微镜看细菌
50. 用望远镜看天象
51. 编剧
52. 演戏
53. 布景

32. 用水化铁指导
33. 用磁石发电指导
34. 造罗盘指导
35. 用电磁举钢铁指导
36. 用煤黑油取颜料指导
37. 造汽车指导
38. 造蒸汽机指导
39. 用电发光指导
40. 用电推车指导
41. 用电谈话指导
42. 用电相见指导
43. 用泥造瓷器指导
44. 造屋指导
45. 造桥指导
46. 造船指导
47. 造纸指导
48. 造飞机指导
49. 用显微镜看细菌指导
50. 用望远镜看天象指导
51. 编剧指导
52. 演戏指导
53. 布景指导

54. 唱歌	54. 唱歌指导
55. 画水彩画	55. 画水彩画指导
56. 画油画	56. 画油画指导
57. 写诗文	57. 写诗文指导
58. 雕刻	58. 雕刻指导
59. 弹琴	59. 弹琴指导
60. 说话	60. 说话指导
61. 恋爱	61. 恋爱指导
62. 治家	62. 治家指导
63. 生育	63. 生育指导
64. 限制生育	64. 限制生育指导
65. 团体自治	65. 团体自治指导
66. 掌民权	66. 掌民权指导
67. 师生创校	67. 师生创校指导
68. 创造富的社会	68. 创造富的社会指导
69. 人类互助	69. 人类互助指导
70. 创造五生世界*	70. 创造五生世界指导

以上七十种生活力和教学做指导不过是我个人随手所选的例子。把它们归起类来，一至十属于健康生活，十一至

* 作者注：五生世界即少生、好生、贵生、厚生、共生之世界。

二十属于劳动生活，二十一至五十属于科学生活，五十一至六十属于艺术生活，六十一至七十属于社会改造生活。我想这些例子不过是全部生活力之少数，内中之概括的还应该细分，如养鱼便可分为养金鱼，养青鱼，制造相生水族池等等，统统算起来重要的总在三千种以上。我们姑且可以普通的说，我们有三千种生活力要培养，即有三千种教学做指导要编辑。这些生活力，有些是很小的小孩子便应当有，有些是很成熟的人才可以得；有些是学了就可以变换；有些是要继续不断的干；有些是一人能做，有些非多人合作不办；有些是现代人共同所需，有些是各有所好听人选择。专家依性质学力把他们一一编起来，并编一些建在具体经验上面融会贯通的理论，便造成整个的用书的系统，帮助着实现那丰富的现代生活。我们还要随着学术进步，继续修改扩充，使用书继长增高的进步，帮助着生活继长增高的向前向上进。

照这样看来，教学做合一的理论不是不要书，它要用的书的数目之大，比现在的教科书要多得多。它只是不要纯粹以文字做中心的教科书，因为这些书是木头刀切不下菜来。过什么生活用什么书，做什么事用什么书。不用书，及用书而用得不够，用得不当，都非教学做合一的理论所允许的。

教学做指导编得对不对，好不好，可以下列三种标准判断它。

（一）看它有没有引导人动作的力量，看它有没有引导人干了一个动作又要干一个动作的力量。中国人的手中了旧文化的毒是已经瘫了，看它能否给他打一针，使一双废手变成一双开天辟地的手。我们要看它能否把双料少爷的长指甲剪掉，能否把双料小姐的手镯戒指脱掉，能否把活活泼泼的小孩们的传统的几十斤重的手铐卸掉，使八万万只无能的手都变成万能的手。

（二）看它有没有引导人思想的力量，看它有没有引导人想了又想的力量。中国文人的头脑做了几千年的字纸篓；中国农人、妇女的头脑，做了几千年的真空管。我们现在要请大家的头脑出来做双手的司令官，我们要头脑出来监工。我们不但是要做，并且要做得很好。如何可以做得好，做得比昨天好，这是头脑的天职。我们遇了一本书便要问它是否给人的头脑全权指导一切要做的事。

（三）看它有没有引导人产生新价值的力量，看它有没有引导人产生新益求新的新价值的力量。我在《乡村教师》上曾经写过十几首诗描写一位乡村教师的生活，内中有一首是：

人生两件宝：
双手与大脑。
宁做鲁滨逊，
单刀辟荒岛。

中国教育之通病是教用脑的人不用手，不教用手的人用脑，所以一无所能。中国教育革命的对策是使手脑联盟，结果是手与脑的力量都可以大到不可思议。手脑联盟，则污秽的垃圾可以用来点灯烧饭，室人的氮气可以用来做养人的肥田粉，煤黑油里可以取出几千种的颜料，一粒种子可以长成几百粒谷，无饭大家饿的穷国可以变成有饭大家吃的富社会。只要头脑命令双手拿起锄头、锯子、玻璃管、电动机去生产、建设、试验、创造，自然是别有天地了。

生活用书的体裁内容也不可一律，大致说起来，我有下列的建议：

（一）做的目标。

（二）做的材料。

（三）做的方法。

（四）做的工具。

（五）做的理论。

（六）从做这事引导人想到做那事。

（七）如做的事与时令有关便要有做的时令。

（八）如做的事与经济有关便要有做的预算。

（九）如做的事须有途径之指示便要有做的图。

（十）如做的事须多人合作便要有做的人的组织。

（十一）如做的事须多方参考便要有做的参考书籍。

（十二）如做的事与别的事有多方的关系便要有做的种

种关系上的说明。

（十三）在做上学的人可引导他记载做的过程，做的结果，做上发生的问题与心得。

（十四）在做上教的人可引导他指示进行考核成绩。

这十四条不是像从前五段教授样要人家刻印板的遵守的。如果你能把它们一齐打破，天衣无缝的写成一本可用的书也未为不可，或者竟是更为可贵。《鲁滨逊漂流记》是一部小说,也是一部探险与开创的教学做指导。歌德失恋,写《少年维特之烦恼》，创造一个维特去替死，那么歌德的恋爱史与《少年维特之烦恼》当作一部恋爱指导用也很合宜。同样，《水浒》是一部打抱不平之指导。自然科学教学做指导能写到法布尔的几部顶好著作那样好，减少一些闲活增加一点小孩子自己做的机会也就很好了。最要紧的是著书人独出心裁，若求一律，反而呆板了。

初进学校的学生要他自用教学做指导当然是不可能。但是他虽然认不得字，话语听得懂，先生不能教他吗？年长的同学不能助他吗？初年的学生，多数的生活力不能从文字上去取得，若受文字的限制，生活便枯燥无味。故初年的教学做指导除说话（即国语）一门外，都可编为先生用书，先生在做上教时所用的书，那么，这个困难便没有了。即就说话一门说，也不必太拘于生字之多少。只要是小孩子爱说的话便多几个字也不要紧。若是头一课只限于四五个字，编不成好听的话，那么，比十几个字还难认。认字与写字也不必同时兼顾，若认的字一定要写，那么，又只好限于几个字，而流于枯燥了。

我想要使这个用书的计划实现，必须有下列六种条件：

（一）各门专家中须有几位去接近小孩子，或竟毅然去当几年中小学教员，一面实验，一面编辑几部教学做指导。

（二）现在接近小孩子的中小学教师，须有许多位，各人开始研究一门科学，待研究有得，可以编辑几部教学做指导。

（三）现在教科书的编辑者，有志编辑生活用书，如缺少某种准备、专科学术或儿童经验，亦宜设法补足，然后动手编辑。

（四）现在商务印书馆、中华书局、世界书局每年大部分收入是从小朋友那里来的，应该多下点本钱，搜罗各国儿童、成人用书（不是教科书）和工具，聘请上列三种人才，为小朋友多编几部可用的好书。

（五）教育行政当局，从中央直到校长，该给教员们以试验或选择书本之自由。现在行政方面之趋势是太一律，太呆板，若不改弦更张，实无创造之可能。

（六）全民族对于中国现代的无能的教育，该有觉悟，对于教学做合一之理论，该使之普遍实现，若再因循苟且，则可以救国之教育，将变成亡国之催命符。到了那时，虽悔也来不及了。如果大家从此下一个决心，在头脑指挥之下，把双手从长袖里伸出来，左手拿着科学，右手开着机器生产、建设、创造，必定能开辟出一个新天地来。荣枯安危存亡之故，只在念头之一转和双手之一动，用不着到远处去求啊！

——1931 年 10 月《中华教育界》第十九卷第四期

乡村工学团试验初步计划说明书

乡村工学团是一个小工场，一个小学校，一个小社会。这里面包含着生产的意义，长进的意义，平等互助自卫卫人的意义。它是将工场、学校、社会打成一片，产生了一个改造乡村的富有生活力的新细胞。

乡村工学团由儿童组成的，称为乡村儿童工学团；由青年组成的，称为乡村青年工学团。青年的定义，不根据年龄而根据求学的态度。老年人而有青年求学精神者，得入乡村青年工学团。

中华民族已经到了生死关头，我们要想起死回生整个的民族，须以最敏捷的手段，实施下列六大培养：

（一）培养普遍的军事能力；

（二）培养普遍的生产能力；

（三）培养普遍的科学能力；

（四）培养普遍的识字能力；

（五）培养普遍的运用民权能力；

（六）培养普遍的节制生育能力。

乡村工学团要将上列六大培养，具体而微的在自己乡村里尽量推进，把自己的乡村，造成中华民国的健全分子，并与全国一百万乡村联合起来，推进这六大训练，以造成一个伟大的，令人敬爱的中华民国。乡村工学团所采取的方法，与传统的方法根本不同。现撮要列举如下：

（一）传统的方法，是学校与社会隔离；乡村工学团主张以社会为学校。

（二）传统的方法，是生活与教育分家；乡村工学团主张生活即教育。

（三）传统的方法，把师生的界限分得太严；乡村工学团主张会的教人，不会的跟人学。我们跟农人学种田，农人跟我们学科学，这是相师相学的意思。我们还可以教大徒弟去教小徒弟，七十二行都有资格做先生，都有资格做太上先生。先生既多，学问自广。

（四）传统的方法，是先生教而不做，学生学而不做；乡村工学团主张先生在做上教，学生在做上学。教与学都以做为中心，这便是教学做合一之要义。

（五）传统的方法，是教劳心者不劳力，不教劳力者劳心；乡村工学团主张在劳力上劳心，才算真正的做，否则便是瞎做瞎学瞎教了。

（六）传统的方法，教人先费几年，把知识装满了再去行；

乡村工学团主张“行是知之始”，我们要在行动上去追求真知识，有行的勇敢，才有知的收获。

（七）传统的方法，是教少数人升官发财；乡村工学团主张与大众共甘苦，同休戚，以取得整个中华民族之出路。

乡村工学团的主体，是本村的真农人。所谓真农人，是靠自己动手种地吃饭的人。我们所以要有这一个条件，是防备这件重要事业，落在坏人的手里，作为个人谋利益的工具。村外同志只处于推动、赞助、辅导的地位。这种村外的推动、赞助、辅导，只适合本村需要的时期为限。推动的宗旨，在求本村的自动；赞助的宗旨，在求本村的自助；辅导的宗旨，在求本村的自导。乡村改造运动者，最忌代替农人做，因为代替农人做得太多太久，农人仍旧不会自己做。农人不会自己做，终是无补于大局。我们要想农人自动自助自导的来改造他们的村庄，必须在发动的时候有此认识。从村外同志之发动，到本村完成主体健全之组织，其转移之步骤如下：

第一步骤：创办时，发起人组织乡村改造社，掌管筹款用人指导事宜，同时认识本村真正农人。

第二步骤：由真正农人产生董事会，接受改造社助款，聘任总指导，再由总指导聘任指导员。

第三步骤：本村工学团经济独立，改造社得以此款创办他村的工学团。

乡村工学团以充分运用本村固有的力量为原则。凡新生活所必须而为本村所无的，才运用外来力量。例如房屋，则以租借公共建筑物为原则，非在不得已时必不建造新房。实验农场，则特约开通农友自办，不必买地。运动场之类，则租用荒地开辟。自卫武器，亦从集合本村原有武器，徐图扩充。甚至于小孩们坐的桌凳，亦可先由家中搬来使用，以待自造新的家具，虽一时外观不甚整齐，但唯有肯下如此决心，才能打破装饰的教育。这样开办费必可减到极少，腾出余款从事生产一类的重要活动。

乡村工学团，可从事指导员之培养。其培养方法，则采艺友制。所谓艺友制，即是在一种艺术上做朋友的意思。我们欢迎有志青年下乡，在办工学团上学办工学团。

乡村工学团，事属创举，预算难以正确。现在第一个工学团的试办地址，尚在寻觅中，何种农艺宜加改良，何种工艺宜加提倡，必须候至具体村庄找着后才能细算。一个乡村工学团第一年最低限度的概算如后：

（一）普通指导薪金九六〇元

（二）生产业指导薪金九六〇元

（三）普通及生产工具设备一五〇〇元

（四）生产流动资本一〇〇〇元

（五）修理费三〇〇元

（六）租金二八〇元

（七）乡村工学团指导员培养费一〇〇〇元

上列预算，系依据最低需要而定。如果在同一工学团里增加事业或在他处加设工学团，则数目可以酌增。

——1932 年

从穷人教育想到穷国教育

假使一个农家有四个小孩，只能给长子上学，余下三个孩子，一个要守牛，一个要扒狗屎，一个要在家里打杂。那个读书的儿子，渐渐的手也懒了，脚也懒了，看不起务农了，种田的爸爸，养蚕的妈妈，打杂、守牛、扒狗屎的弟弟妹妹，都不放在眼睛里了。他把知识装满一脑袋，一点也不肯分给亲人。大家也不以为奇，因为做先生是要得了师范毕业文凭才有资格。他初小毕业，欠人的债已把老子的背脊骨压得驼起来了。等他高小毕业，老子又卖了一匹老牛。他从小学考进初中、高中、师范的时候，他的老子是从自耕农跌到佃农、雇农的队伍里去了。弟弟们有的短命死了，有的长得像茅草一样了。他自己学了师范弄不到教员做，毕业不啻是失业，老起面皮做“守知奴”，吃着没知识的人的饭，还嫌不卫生，受人栽培还骂人愚笨。这一家是难免家破人亡。

假使这个长子进的不是消费的传统学校，而是富有意义的工学团。日里从工学团里学了生活所需的知识技能，晚上便和盘托出献与父母，教导弟弟妹妹。他对于学问是贩来就卖，用不着的便不要。他认得一个字便有资格教这个字，便认定是他的责任把这个字教与别人知道。如果弟弟守牛没有回家，他便到草地上去施教。倘若父亲是个种棉花的农人，他一定想法子把种棉学术和他父亲沟通起来。他与其浪费时间学跳舞，宁可去请教人家如何选种条播。他学得几样不费钱的卫生法必定是当天传给家里的人。他是一个社会人，只是从家里出发，他其实是要把他所得到的学问立时贡献给社会。他是与社会、家庭共同长进。学问没有止境，他的进步，他的家庭的进步，社会的进步，都没有止境。他是活到老，做到老，学到老，教到老。一直到进了棺材才算毕业。一样的穷人，走的路线不同，结果是一个天一个地。

上面所说的是穷人所走的两条路，即是穷国所走的两条路。第一条是灭亡之路，以前的中国便是马上加鞭在这条路上飞跑。第二条是生命之路，从今以后，中国必须悬崖勒马朝着这条路上走来才能起死回生。其实说破不值半文钱，只要转过头来，即是康庄大道！

——1934年3月1日《生活教育》第二期

杀人的会考与创造的考成

自从会考的号令下了之后，中国传统教育界是展开了许多幕的滑稽的悲剧。

学生是学会考。教员是教人会考。学校是变了会考筹备处。会考所要的必须教。会考所不要的，不必教，甚而至于必不教。于是唱歌不教了，图画不教了，体操不教了，家事不教了，农艺不教了，工艺不教了，科学的实验不教了，所谓课内课外的活动都不教了，所要教的只是书，只是考的书，只是《会考指南》！教育等于读书；读书等于赶考。好玩吧，中国之传统教育！

拼命的赶啊！熄灯是从十时延到十一时了。你要想看压台戏当然是必须等到十一时以后。那时你可以在黄金世界里看到卓别林的化身正在排演他们的拿手好戏。茅厕里开夜车是会把你的肚子笑痛。可是会考呆子会告诉你说："不闻臭中臭，难为人上人。"

赶了一考又一考。毕业考过了接着就是会考。会考过了接着就是升学考。一连三个考赶下来，是会把肉儿赶跑了，把血色赶跑了，甚至有些是把性命赶跑了。

不但如此，在学生们赶考的时候，同时是把家里的老牛赶跑了，把所要收复的东北赶跑了，把有意义的人生赶跑了，把一千万民众的教育赶跑了（注：中学生赶考旅费可供普及一千万民众教育之用）。换句话说，是把中华民族的前途赶跑了。

奇怪得很！这样大规模的消灭民族生存力的教育行政不是出于信仰而是出于敷衍，不是出于理性而是出于武断。我所接谈过的主考官没有一个相信会考。他们是不信会考而举行会考。

就表面的成绩看，广东会考是几乎全体及格，广西会考是几乎全体不及格。广东对呢？广西对呢？谁知道？浙江会考，绍兴中学第一次是背榜，到了第二次竟一跳而为第一。绍兴中学第一次的整个成绩果真坏吗？第二次的整个成绩果真好吗？真成绩之好坏是这样的容易调换吗？谁敢说？

这把会考的大刀是不可以糊里糊涂的乱舞了。考官们所自毁毁人的生活力已经是太多了。我们现在的要求是：

停止那毁灭生活力之文字的会考；

发动那培养生活力之创造的考成。

创造的考成所要考成的是生活的实质，不是纸上的空谈。在下面所举的几个例子当中，我们可以知道创造的考成是个什么东西。

（一）校内师生及周围人民的身体强健了多少？有何证据？

（二）校内师生及周围人民对于手脑并用已经达到什么程度？有多少是获得了继续不断的求知欲？有何证据？

（三）校内师生及周围人民对于改造物质及社会环境已经达到什么程度？有何证据？

（甲）荒山栽了多少树？

（乙）水井开了几口？

（丙）公路造了几丈？

（丁）种植改良了多少？

（戊）副业增加了多少？

（己）生活符号普及了多少？文盲扫除了多少？

（庚）少爷小姐书呆子有多少是成了为大众服务的人？

（辛）团结抵抗强暴的力量增加了多少？

——1934 年 6 月 1 日《生活教育》第八期

教育的新生

宇宙是在动。世界是在动。人生是在动。教育怎能不动？并且是要动得不歇，一歇就灭！怎样动？向着那儿动？

我们要想寻得教育之动向，首先就要认识传统教育与生活教育之对立。一方面是生活教育向传统教育进攻，又一方面是传统教育向生活教育应战，在这空前的战场上徘徊的、缓冲的、时左时右的是改良教育。教育的动向就在这战场的前线上去找。

传统教育者是为办教育而办教育，教育与生活分离。改良一下，我们就遇着“教育生活化”和“教育即生活”的口号。生活教育者承认“生活即教育”。好生活就是好教育，坏生活就是坏教育，前进的生活就是前进的教育，倒退的生活就是倒退的教育。生活里起了变化，才算是起了教育的变化。我们主张以生活改造生活。真正的教育作用是使生活与生活摩擦。

为教育而办教育，在组织方面便是为学校而办学校。学校与社会中间是造了一道高墙。改良者主张半开门，使“学校社会化”。他们把社会里的东西，拣选几样，缩小一下搬进学校里去，“学校即社会”就成了一句时髦的格言。这样，一只小鸟笼是扩大而成为兆丰花园里的大鸟笼。但它总归是一只鸟笼，不是鸟世界。生活教育者主张把墙拆去。我们承认“社会即学校”。这种学校是以青天为顶，大地为底，二十八宿为围墙，人人都是先生都是学生都是同学。不运用社会的力量，便是无能的教育。不了解社会的需求，便是盲目的教育。倘使我们认定社会就是一个伟大无比的学校，就会自然而然的去运用社会的力量，以应济社会的需求。

为学校而办学校，它的方法必是注重在教训。给教训的是先生，受教训的是学生。改良一下，便成为教学——教学生学，先生教而不做，学生学而不做，有何用处？于是“教学做合一”之理论乃应运而起。事该怎样做便该怎样学，该怎样学便该怎样教。教而不做，不能算是教；学而不做，不能算是学。教与学都以做为中心，在做上教的是先生，在做上学的是学生。

教训藏在书里，先生是教死书，死教书，教书死，学生是读死书，死读书，读书死。改良家觉得不对，提倡半工半读。做的工与读的书无关，又多了一个死。做死工，死做工，做工死。工学团乃被迫而兴。工是做工，学是科学，团是集团。它的目的是工以养生，学以明生，团以保生。团不是一个机关，是力之凝结，力之集中，力之组织，力之共同发挥。

教死书，读死书便不许发问，这时期是没有问题。改良派嫌它呆板，便有讨论问题之提议。课堂里，因为有了高谈阔论，觉得有些生气。但是坐而言不能起而行，有何益处？问题到了生活教育者的手里是必须解决了才放手。问题是在生活里发现，问题是在生活里研究，问题是在生活里解决。

没有问题是心力都不劳。书呆子不但不劳力而且不劳心。进一步是：教人劳心。改良的生产教育者是在提倡教少爷小姐生产。他们挂的招牌是教劳心者劳力。费了许多工具，玩了一会儿，得到一张文凭，少爷小姐们到底不去生产物品而去生产小孩。结果是加倍的消耗。生活教育者所主张的“在劳力上劳心”是要贯彻到底，不得中途而废。

心力都不劳，是必须接受现成知识方可。先在学校里把现成的知识装满了，才进到社会里去行动。王阳明先生所说的“知是行之始，行是知之成”，便是这种教育的写照。他说的“即知即行”和“知行合一”是代表进一步的思想。生活教育者根本推翻这个理论。我们所提出的是：“行是知之始，知是行之成。”行动是老子，知识是儿子，创造是孙子。有行动之勇敢，才有真知的收获。

传授现成知识的结果是法古。黄金时代在已往。进一步是复兴的信念，可是要“复”则不能“兴”，要“兴”则不可“复”。比如地球运行是永远的前进，没有回头的可能。

人只见春、夏、秋、冬，周而复始，不知道它是跟着太阳以很大的速率向织女星飞跑，今年地球所走的路绝不是它去年所走的路。我们只能向前开辟创造，没有什么可复。时代的车轮是在我们手里，黄金时代是在前面，是在未来。努力创造啊！

现成的知识在最初是传家宝，连对女儿都要守秘密。后来，普通的知识是当作商品卖。有钱、有闲、有脸的乃能得到这知识。那有特殊利害的知识仍为有权者所独占。生活教育者就要打破这知识的私有，天下为公是要建筑在普及教育上。

知识既是传家宝，最初得到这些宝贝的必是世家，必是士大夫。所以士之子常为士，士之子问了一问为农的道理便被骂为小人。在这种情形之下，教育只是为少数人所享受。改良者不满意，要把教育献给平民，便从士大夫的观点干起多数人的教育。近年来所举办的平民教育、民众教育，很少能跳出这个圈套。生活教育者是要教大众依着大众自己的志愿去干，不给知识分子玩把戏。真正觉悟的知识分子也不应该再要这套猴子戏，教大众联合起来自己干才是真正的大众教育。

知识既是传家宝，那么最初传这法宝的必是长辈，大人教小人是天经地义。后来大孩子做了先生的助手。班长、导生都是大孩教小孩的例子。但是小先生一出来，这些都天翻地覆了。我们亲眼看见：小孩不但教小孩，而且教大孩，教青年，教老人，教一切知识落伍的前辈。教小孩联合大众起来自己干，才是真正的儿童教育。小先生能解决普及女子初步教育的困难；小先生能叫中华民族返老还童。小先生实行“即知即传人”是粉碎了知识私有，以树起“天下为公”万古不拔的基础。

——1934 年 10 月 13 日《新生》第一卷第三十六期

普及教育运动小史

这十几年来，我有时提倡平民教育，有时提倡乡村教育，有时提倡劳苦大众的教育，不知道的人以为我见异思迁，欢喜翻新花样，其实我心中只有一个中心问题，这问题便是如何使教育普及，如何使没有机会受到教育的人可以得到他们所需要的教育。民国十九年春天，我曾一度草成一个二十年内完成的普及教育计划。这计划曾由教育部提出，全国教育会议通过。与这计划同时提出的有一个成人补习教育初步计划。成人补习教育初步计划之所以不能实行，系因为被一不懂事的官剪去一段重要的办法，成了一个残废的计划，所以失去了效用。那二十年内完成的普及教育计划之所以失败，却是我自己的错误。我写那计划的时候，以为中国既是从农业文明渡到工业文明，便误认每年工业之进展足以应济教育普及率逐渐增高之需要。我们幼稚的工业在帝国主义高压未曾铲除以前，决不许我们有这奢望。那时我对于儿童大众的力量还没有正确的估定，对于学校式的传统教育还没有看破，这些都是构成那个普及教育计划根本失败的重要因子。现在我所发起的普及教育是建筑在极困难的农业经济的基础上，它是一个农业国的普及教育方案。假使工业文明暂时没有多大的进展，教育仍有普及的可能。在儿童大众的力量的新估计之下，如果大家把传统学校彻底的看破，则普及中国教育不但有可能性，并且是可以一举而成，万世不灭。

——1934 年

中国普及教育方案商讨

一、原则

（一）普及教育之要义。

（甲）整个民族现代化，不仅是学龄儿童及失学成人之普遍入学。

（乙）整个生活现代化，不仅是普遍识字，或文盲之普遍消除。

（丙）整个寿命现代化，不仅是四个月、一年、二年、四年之义务教育。教育最重要的成就在使众人养成一种继续不断的共同求进的决心。我们要使众人养成的态度是：活到老，做到老，学到老。

（二）普及什么教育。普及工以养生，学以明生，团以保生之生活教育。工是做工，学是科学，团是集团，这三种生活缺少一样，便是残废的教育。

（三）认定中国是个穷国。必得用穷的方法去普及穷人所需要的粗茶淡饭的教育，不用浪费的方法去普及穷人所不需要的少爷、小姐、书呆子的教育。

（四）社会即学校。社会与学校打成一片。社会教育与学校教育打成一片。

（五）即知即传人。会的教人，不会的跟人学。不愿教人的不配受教育。

（六）小孩的力量伟大。信仰小孩子能做小先生。信仰小孩最好的先生是前进的小孩。认定中国到了生死关头，好比黄河将要决口，小孩搬一块小石头来也是欢迎的。每一个小孩的力量都要号召来救命，每一个粗识字义或有一技之长的小孩都要号召来做小先生。小先生经过十个月的试验有如下的优点：

（甲）能解决女子初步教育问题。

（乙）成人跟着小孩追求现代知识是变成老少年。

（丙）知识不再当作商品买卖，知识为公，是成了实现天下为公之坚固基础。

（丁）小先生好比是电线，将社会与学校通起电流，又好比是血管，将学校与社会通起血脉，于是社会变成学校了。

（戊）小先生普及教育运动增加了大先生事业上不少的兴趣。

（七）大众的力量伟大。大众最好的先生是前进的大众。所谓传递先生便是大众自己队伍里跑出来的老师。

（八）来者不拒，不能来者送上门去。

（九）化无用为有用。

（十）损有余以补不足。

（十一）勉求缴纳教育税与享受教育权之接近。

（十二）城乡同进。

（十三）劝导与强迫并行。

（十四）劝人抓住饭碗求进，不逼人丢掉饭碗上学。

（十五）强迫兴学，强迫教人，强迫求知，三管齐下。

（十六）不能同者不强其同。

（十七）抓住现成的集团生活，如家庭、店铺、工厂、机关、寺庙、民团、军队及现有学校做下层之教育场所。

（十八）运用最新的交通工具输送文化，使文化落后之地带一起赶上时代前线来。

二、办法

（一）全国小学生总动员做小先生。

（甲）全国公私立小学校中之小学生据教育部最近统计有一千一百余万人。每位小学生在校外找到两位不能上学之小孩或成人做他的学生，向小学校长登记后即可称为小先生，在校外学生之所在地，负起他的“即知即传人”之使命。假使有三分之二的小学生做了小先生，我们便可增加一千五百万校外学生。

（乙）依据凡有私塾统计之市县推算，全国至少有一千万私塾学生。私塾改造后，假使有二分之一的私塾学生都成了小先生，每人教导两位，便可增加一千万校外学生。

（丙）店铺里之有知识的学徒估计至少有一千五百万人。假使有一半做了小先生，每人在店铺中教导两个人，便可增加一千五百万位店铺学生。

（丁）依据“即知即传人”之原则，小先生的学生立刻又可教导至少一人。甲乙丙三项小先生的学生总数可以达到四千万。假使这四千万之一半立刻做了小先生，每人至少教导一人，又是增加了二千万。

故全国小先生普及教育总动员令一下，便有六千万人可以向着现代化开步走。

（二）全国识字成人总动员做传递先生。

（甲）全国民众学校学生总数为九四四二八九人。假使民众学校学生都成了传递先生，每人再教两位不能上学之人，便可增加二百万人受教育。

（乙）家庭、店铺、工厂、工会、庙宇、教堂、公馆、公所、合作社、衙门、机关、民团、军队里的识字成人约计为八千万人。假使有半数每人教导二人，便有力量再去普及八千万人之教育。

（丙）再依据“即知即传人”之原则，甲乙两项八千二百万识字成人之半数每人再去教导一人，又可增加四千一百万人。

故全国识字成人总动员令一下，便有一万二千三百万人可以向着现代化开步走。

（三）全国知识分子总动员，辅导普及现代生活教育之推进。

（甲）研究所研究员。专门大学教授、副教授七千人，每人每年必须在假期中抽出至少十日出席全省普及教育辅导会议、全省教育行政人员讲习会及农村改造会议，并各就专长，依据普及现代生活教育之需要，准备最新材料向教育局长、督学及农村改造运动人员贡献。

（乙）专门大学学生及中学教师共十万人，每人每年必须在假期中抽出至少十日出席县市普及教育辅导会议及小学教师讲习会，并各就专长，依据普及现代生活教育之需要，准备新材料向前进大众及教师贡献。

（丙）中学学生及小学教师共一百万人，每人每年必须在假期中抽出至少十日出席乡区普及教育辅导会议、私塾改造会及小先生联合会，并各就特殊兴趣，依据普及现代生活教育之需要，准备材料向塾师及小先生贡献。

（丁）全国不在学界服务之留学生，每人每年必须抽出五日为普及现代生活教育努力。

（四）全国学校总改造。

（甲）全国学校采用工学团制。工是做工，学是科学，团是集团。工以养生，学以明生，团以保生。没有工做，没有科学，没有集团的力量以制裁个人的行动，都不能算是一个现代的学校。采取工学团制便能使全国学校现代化。

（乙）依据本地生产性质，每校负有扶助生产大众普及生产工学团之责任。

（丙）小学校改造，除采取工学团制外，全国小学应至少有下列之改革。

子、每所小学将小学生教导校外学生之工作，列入正课，作为社会服务。

丑、小学教师在各门功课中，宜随时加入小先生应用材料，并以指导考核小先生为职务之一。

寅、写字一课改为抄课本发给校外学生读。小学教师对于大字小字之批改，多半是敷衍了事，改为抄写普及教育所用之课本，则写者与批改者，都觉得更有意义。同时解决了缺少课本一部分之困难。

（丁）私塾改造。

子、从前改造私塾，多半是召集塾师加以短期讲习会之训练，并加以偶然之视察。因为塾师旧习太深，很难改变，故单召塾师训练，不易见效。现在主张每塾师随带能力较高之私塾学生二人共同参加私塾改造讲习会，依据最近试验结果推测，收效谅能较大。

丑、私塾最缺少者是公用之图书教具。若想从事改造，必须在这些事上加以补助。

寅、私塾改造讲习会或每星期一二小时，连续数年，或在假期中集中训练，或二法并用，可看各地情形决定。

（五）文化荒岛总开辟。

（甲）中学校总动员下乡。中国中等学校大多数是挤在城里凑热闹，依据我们估计，全国五五四所高级中学，一三二〇所初级中学，至少有五分之四即大约一千四百所是应当移下乡去。把城里的地皮、房子高价卖掉，在乡下买荒地（但不许圈农民生产之地），造房子，还有余钱干一区的普及教育运动。每中学可在乡下画一百方里为普及教育区。在区内每村办民众学校、小学校各一所。各村民众学校、小学校由中学生分组负责进行。每组若干人依需要而定。民众学校以每日一小时为标准。小学校或全日，或半日，或二小时，或一小时，依据各地情形而定，不拘一法。民众学校及小学校之学生仍依“即知即传人”之原则分布出去，教导不能上学的人。

（乙）全国有师范学校八四六所。十分之九，即七百五十所是应该迁移下乡。每所师范学校应划一千六百方里为普及教育区。这块区域是东西南北各四十里。师范学校在中央。离最远之工作地不过二十余里。依照师范生人数分成几十几百队，每队二人同到一个村庄里去创办一个民众学校和一个小学校。这叫作基本培养。另外还有集中指导，巡回指导，在培养师资一段中再详细说明。

（丙）中学、师范的足迹所很少达到的地方，如西康、青海、宁夏、新疆、蒙古、西藏以及各省内文化落后民族所在地，都应以人民和政府之力量创办中学、师范，并在每五百人聚居地创立小学、民众学校各一所，至少能容四十人，以工学团之组织，依“即知即传人”之原则继续推进。

（六）师资培养。

（甲）每一所小学都成为小先生养成所。用传统的名词来说，每一所小学便是一所小师范。全国二十五万所小学便是二十五万所小先生养成所，共可造就一千一百万小先生。

（乙）每一所私塾必须改造，使它也成为一所小先生养成所。估计全国私塾有五十万所，平均每所培养二十人，共可造就一千万小先生。

（丙）每一所民众学校都成为传递先生养成所。全国有五万三千八百七十三所民众学校，共可造就一百万传递先生。

（丁）每村或每街或每街之一段必须设一高级民众学校，招收家中、铺中已有知识之成人，每天或每星期加以一小时之培养，以广播新知识于大众。

（戊）师范学校之改造。

子、师范学校采取培养工师之办法，包括个别、巡回、集合三种指导。比方招收艺友（即通常之师范生）二百人，首先举行一个月之集合指导，大略得了几个追求知识之钥匙以后，即立刻分散，每两人组成一队，共一百队放在一百个村庄里去工作。每队工作区域为十六方里即四里见方。这两人既到工作区即物色当地农人及小孩至少二人为他们的艺友，共同进行工学团之创造。这一百队的工作总面积是一千六百方里，成了一个普及教育网，里面包括着一百个工学团，每个工学团五百人，共计是五万人之教育一举而普及。每队学生二人对于日常工作各任半天，余半天自修必阅书籍，由指导员巡回指导。星期日不放假，举行严格之集合指导六小时。

丑、师范学校应加小先生指导法一门功课。

（己）召集青年识字民众或农人开办短期农村改造讲习会，教以小先生指导法、工学团原理、合作社组织法、国语、应用算术、乡村卫生、农艺新法、自然、社会等等，使其学成回乡从事发动乡村改造工作，即为普及现代生活教育之工作。现在国内乡下不安，城里先生不敢下乡，倒不如多多培养本乡青年识字农人，自己负起普及教育之使命。

（庚）每市县须举行小学教师讲习会，每年至少十日，私塾改造讲习会，每年至少四十小时。

（辛）每省须举行省普及教育辅导会议、教育行政人员讲习会，均每年一次。

（壬）教育部召集全国普及教育辅导会议，每年一次。

（癸）各专门大学、研究所，分工培养普及现代生活教育所需之高等技术人才。

（七）材料工具之供给。

（甲）课本。课本用汉文和国语字母拼音文对照写。汉文和拼音文都以大众语为根据。但为适应各民族特殊需要及促进各民族普及教育起见，应编蒙、藏、苗、瑶等民族特用课本，这课本应以各该民族之大众语为根据。运用小学生写大字的纸和时间，抄写课本，以每生每年平均写十二册计算，一共可写三部，连私塾学生在内，二千一百万小学生便可写六千三百万部。小学生的学生也可以写，传递先生的学生也可以写，这样普遍的干起来，每年可得免费教科书一万万套，也不为奇。

（乙）报纸。报纸一律用大众语写，并且必须标点，违者邮局不许代寄。

（丙）电影。设立中央科学电影制造局，以巨资研究制造科学影片、发电机、放映机，免费分送全国各县乡村市镇放映。

（丁）无线电收音机。设立中央无线电收音机制造局，以巨资研究制造无线电收音机，免费分送全国各县乡村市镇教育场所使用，并在适当地点，分区建立大播音台，从事广播现代知识。

（八）现成设备之利用。

（甲）祠堂、庙宇、会馆、公所、散学后之学校以及其他空闲房屋，都运用来做教育场所。

（乙）桌椅板凳亦以运用人民自己所有的为原则。

（丙）天气温和晴朗的时候，应充分施行露天指导。

（丁）充分利用日光指导，不必要时应避免运用灯光。教育普及之后，是有八千万家，同时追求知识。八千万盏灯，每晚多点一小时，若用菜油，每年便要耗费八千万元。若用洋油，每年要耗费三万二千万元。可以省的时候，还是省了为是。

（九）流动式的教育。

（甲）市集、茶馆、码头、车站、戏园、电影院都是有流动的民众。在这些地方，每次我们都遇得着一大群的人，今天的一群不见得就是昨天的一群。也有茶迷、戏迷是天天上同一的茶馆，进同一的戏园而且还有一定的时候。我们也要抓住这些地方施以有意义的教育。车站上的展览，码头上的壁报，电影院的新知识的插片，茶馆里说书的革新，戏园里小丑说白的讽刺，市集上的公共演讲表演，都是流动教育的可以行动的例子。

（乙）流通图书馆。流通图书馆应普遍设立在学校里，供大众公用。小先生和传递先生，可以代他们的学生借书还书。这样，管理费可以减至最少，又可免除一般民众借书之害羞，而图书借还有人负责，亦不至失落。流通图书馆为大众自学之重要机关，必须努力普及。

（丙）修学旅行。旅行为增长知识、扩大眼界的教育法。但现在之团体半价票仍使有志的工人、农人、小孩子望而生畏。有意义、有组织、有计划之修学旅行，应该特别提倡，再行设法将国有车船价目减至最少，或竟酌免，以资鼓励。

（一〇）文化之特别快输送。

（甲）输送发电机、抽水机及其他农村所需用之机器，火车章程尚有许多不必需的麻烦，应该一扫而空。

（乙）边境所需新书每每要过一年半载才能收到，要人帮忙也非数月不可。我们应该发起购置普及教育飞机数架，专为输送文化及推进普及教育运动之用。

（丙）无线电广播新知识。

（丁）邮政局对于边疆视同外国，如西藏、新疆寄费之贵，几使现代中国文化不能通过，外国反易与他们接近，是急应革除此弊，使邮费一律，以谋内地与边疆文化之沟通。

（一一）有效之补助。

（甲）中央对文化落后之穷省边疆，在人才经费材料上应予以实质之补助。

（乙）各省对于文化落后之穷县，在人才经费材料上应予以实质之补助。

（丙）各县对于文化落后之穷乡穷村，在人才经费材料上应予以实质之补助。

（丁）省市县政府对于普及教育实验特别努力的机关，

在人才经费材料上应予以实质之补助。

（戊）政府应拨款补助劳苦大众智力较高之子女上进。俾能学尽其才，免为贫穷所埋没。

（一二）人民自动之努力。

（甲）设立中国普及教育助成会（另订简章）。

（乙）设立省市县乡边疆华侨等普及教育助成会（另订简章）。

（一三）研究实验。设立中央普及教育研究所。其宗旨在发现最经济、最迅速、最能持久、最能令人进步之方法，以谋普及大众儿童向上生活所需要之教育（另订简章）。本研究所应与卫生、农业、工业、交通、艺术、经济研究机关联合互助，探讨新知，培养最高学术人才，以统制全国智慧而为国民生计谋解决。

（一四）全国财力总动员以谋教育之普及。

（甲）确定教育税，务使足敷普及教育之用。在教育税未确定之前，各省财政当局不得借口取消苛捐杂税以减少教育经费而陷国民教育于停顿。否则即科以摧残教育动摇国本之罪。在教育费不敷用前，并须节省军政费以充普及教育之用。

（乙）征收遗产税以充普及教育之用。后人对于先人之遗产，除教养费外，应将遗产余利公诸社会所有。先人对于子孙也只可负担教养费，若将巨产给后人不劳而获，自必养成他吃喝嫖赌，弄得家破人亡。纵使政府不征收遗产税，有钱者为爱惜子孙起见，亦当在保留教养费条件之下，悉数捐为普及教育之用。

（丙）指拨公有荒地为普及教育之用。

（丁）指拨美、法、比、意、英各国庚款之一半为普及教育之用。其他一半为发展各研究所之用。

（戊）行政专员或县长领导教育局长或督学到各市乡劝导各公所、会馆、祠堂、寺庙，以原有财产兴学；没有公产或公产不足之处则劝导出资兴学，坐候到筹定确实办法才离开。十余年前浙江省有一县长在半年之中兴办一百余校，即是用此办法。

（己）劝导人民以婚、丧、做寿节省之款在普及教育上建立纪念。

（庚）劝导人民捐图书文具，或百份，或千份，或万份，或十万份，百万份，每份盖上捐者姓名以留纪念。

（辛）扶助各种生产工学团之普遍的设立，每个生产工学团发展到一个时期，便能以自己的力量担负一部分的普及教育费。

（壬）减少中等以上学校假期，并从分量门类上减少向上生活所不需要之功课，缩短中等以上毕业年限（医科除外），以节省之经费充普及教育及增加研究所之用。

（一五）妨害进步罪。婆婆不许媳妇读书，老板不许伙计上学，师父不许徒弟看报，工厂经理不许工人求知识，士大夫不许儿子教小孩子。这是小先生所碰到的五个大钉子，也是妨害中华民国进步的大障碍。我国必定要扫除这种障碍，才能前进。要扫除这种障碍，下列数条法律，实属必要。

（甲）凡是中华国民及其子女，每人每天至少须有一小时上学或自修之权利。

（乙）凡以特殊地位侵犯别人上学或自修权利者，处以一年以下有期徒刑或一千元以下罚金。

（丙）凡对自愿教人的人施以阻止者，处三个月以下有期徒刑或一百元罚金。

（一六）初步文字教育之预令强迫。文字教育应预令强迫。预令强迫之作用在提醒一般不识字的民众自动的去请人教。以往的民众教育好像是求人来学。预令既下，民众对于知识的消极的拒绝，可以转变而为积极的追求。

民国二十四年一月一日下令预告全国民众，限二十四年十二月三十一日前读毕教育部指定几种千字课之一种。至四月一日，七月一日，十月一日，下第二、第三、第四次预告令。第一次预告令下后，即令小学生、茶馆说书人、电影院广告与警察到处逢人宣传，劝其早些求学，不要临时抱佛脚，并说明二十五年一月一日即有识字警察，手指千字课，站在城门口、车站、码头及交通孔道，临时抽验来往行人，检查他们的头脑如同检查行李一样，不识字的要罚愚民捐铜圆一校。预令里还要说及二十五年一月一日以后，家里、店里、工厂里、任何机关里，如有无故不识字的人，按人数每月每人罚银一元，由家长、店主、工厂经理、机关主持人缴纳，识字成人或学生对其负责而不识字之亲友不肯施教者，罚守知奴捐银一角并公布之。

（一七）考成。

（甲）初步文字教育之考成标准为学龄以上之人民百分之九十会读千字课，百分之九十五会用汉字签自己的姓名，并会写中华民国。第二步之文字教育及普及其他教育之考成标准另订之。

（乙）每所小学私塾至少要有二分之一的小学生做小先生，超过四分之三的小学生做小先生者传令嘉奖其校长、负责之教师及最出力之小先生。不及二分之一者校长受警告，不及三分之一者校长撤职，负责之教师同。

（丙）民众学校之传递先生与学生总数比例之考成与小学同。

（丁）省教育厅长、县长、教育局长、乡长、教育委员之考成，亦以各管公私立小学校、私塾、民众学校之学生总数与小先生总数加传递先生总数之比例为根据，其算法亦与小学同。

（戊）各省、各特别市、各县、各市、各乡、各校之开始考成日期由上级主管官厅预令发布，但此项预令至迟不得延过民国二十四年六月一日。考核各省成绩之日期由教育部预令颁布，但此项预令须于民国二十四年四月一日前颁布。

（己）寻常教师所教学生，以及小先生、传递先生所教学生，均须依部颁表格登记，由校长掌管，并作详明统计具报教育局，教育局转报教育厅，教育厅报告教育部，每学期一次，再由上级教育行政长官抽查，以凭考核。

（一八）中央普及教育二十四年度预算。

（甲）中央文化落后地带普及教育补助费二〇〇〇〇〇〇〇（元）。

（乙）中央科学电影制造局经费四〇〇〇〇〇〇（元）。

（丙）中央无线电收音机研究制造局经费一〇〇〇〇〇〇（元）。

（丁）中央普及教育研究所五〇〇〇〇〇（元）。

（戊）中央普及教育辅导会议一〇〇〇〇（元）。

总计二五五一〇〇〇〇（元）。

——1935年1月《中华教育界》第二十二卷第七期

普及现代生活教育之路

什么是生活教育

生活教育这个名词是被误解了。它所以被误解的缘故，是因为有一种似是而非的理论混在里面，令人看不清楚。这理论告诉我们说：学校里的教育太枯燥了，必得把社会里的生活搬一些进来，才有意思。随着这个理论而来的几个口号是："学校社会化"，"教育生活化"，"学校即社会"，"教育即生活"。这好比一个笼子里面囚着几只小鸟，养鸟者顾念鸟儿寂寞，搬一两枝树枝进笼，以便鸟儿跳得好玩，或者再捉几只生物来，给鸟儿做陪伴。小鸟是比较的舒服了。然而鸟笼毕竟还是鸟笼，决不是鸟的世界。所可怪的是养鸟者偏偏爱说鸟笼是鸟世界，而对于真正的鸟世界的树林反而一概抹煞，不加承认。假使笼里的鸟，习惯成自然，也随声附和地说，这笼便是我的世界，又假使笼外的鸟都鄙弃树林，而羡慕笼中生活，甚至以不得其门而入为憾，那么，这些鸟才算是和人一样的荒唐了。

我们现在要肃清这种误解。生活教育是生活所原有，生活所自营，生活所必需的教育。教育的根本意义是生活之变化。生活无时不变，即生活无时不含有教育的意义。因此，我们又可以说："社会即学校。"在这个理论指导之下，我们承认过什么生活便是受什么教育；过好的生活，便是受好的教育；过坏的生活，便是受坏的教育；过有目的的生活，便是受有目的的教育；过糊里糊涂的生活，便是受糊里糊涂的教育；过有组织的生活，便是受有组织的教育；过有计划的生活，便是受有计划的教育；过乱七八糟的生活，便是受乱七八糟的教育。换个说法，过的是少爷生活，虽天天读劳动的书籍，不算是受着劳动教育；过的是迷信生活，虽天天听科学的演讲，不算是受着科学教育；过的是随地吐痰的生活，虽天天写卫生笔记，不算是受着卫生的教育；过的是开倒车的生活，虽天天谈革命的行动，不算是受着革命的教育。我们要想受什么教育，便须过什么生活。

生活教育与生俱来，与生同去。出世便是破蒙；进棺材才算毕业。在社会的伟大的学校里，人人可以做我们的先生，人人可以做我们的同学，人人可以做我们的学生。随手抓来都是活书，都是学问，都是本领。

自有人类以来，社会即是学校，生活即是教育。士大夫其所以不承认它，是因为他们有特殊的学校给他们的子弟受特殊的教育，从大众的立场上看，社会是大众唯一的学校，生活是大众唯一的教育。大众必须正式承认它，并且运用它来增加自己的知识，增加自己的力量，增加自己的信仰。

生活教育是下层建筑。何以呢？我们有吃饭的生活，便有吃饭的教育；有穿衣的生活，便有穿衣的教育；有男女的生活，便有男女的教育。它与装饰品之传统教育根本不同。它不是摩登女郎之金刚钻戒指，而是冰天雪地里的穷人的窝窝头和破棉袄。

生活与生活摩擦才能起教育的作用，我们把自己放在社会的生活里，即社会的磁力线里转动，便能通出教育的电流，射出光，放出热，发出力。

生活教育现代化

生活教育是早已普及了。自有人类以来，便是人人过生活，人人受教育，自然而然的，生活是普及在人间，即是教育普及在人间。但有些人是超时代，有些人是时代落伍，有些人是到了现在还是过着几百年前的生活，便是受着几百年前的教育，教时代落伍的人一齐赶上时代的前线来是普及教育运动的目标。做一个现代人必须取得现代的知识，学会现代的技能，感觉现代的问题，并以现代的方法发挥我们的力量。时代是继续不断的前进，我们必得参加在现代生活里面，与时代俱进，才能做一个长久的现代人。否则，再过几年又要成为时代落伍者了。因此，我们必须拿着现代文明的钥匙，才能继续不断的去开发现代文明的宝库，保证川流不息的现代化。这个钥匙便是活用的文字符号和求进的科学方法。普及教育运动之最大使命，便是把这个钥匙从少数人的手里拿出来交给大众。

老法子的普及教育

白君动生从杭州来，给我看了一两条最有趣味的教育报告。这报告说：依照最近四年来浙江所用的方法来扫除文盲，全省要四百年才能完成；依照最近六年来杭州所用的方法来扫除文盲，全市要一百五十年才能完成。这种自觉的教育报告，我还是第一次看见。现在从一省一市推论到全国，呆板的守着老法，要多少年才能普及呢？依照教育部最近统计，各省市民众及职业补习学校学生数，民国十八年为一百零三万六千一百六十人，十九年为一百一十万四千一百八十七人。在这一年之中学生增加了六万八千零二十七人。中国全国之失学成人估计有二万万人。假使中国人口不再增加，民众学校学生万岁，长生不死，学生增加率能年年不减，也要三百年才能将文盲扫除干净。再拿小学的统计来看。民国元年小学生数为二七九五四七五人，民国十九年为一〇九四八九七九人，十九年之间小学生是增加了八一五三五〇四人，每年平均增加四十三万人，用四年义务教育估计，假定人口不再增加，小学生长生不死，学生数照平常比例增加，还要七十年才能普及。但是人口趋势，若无统制，必是有加无减，小学生总数每年要夭折三十万，每年平均所增加之四十三万人之中每年也要夭折一万三千人，学校增加率如无新创办法，也得逐年减少。故依我估计，用传统方法，学龄儿童的教育要再过一百年才能普及，失学成人之教育要再过四百年才能普及。

教育是必须普及。但是老法子决办不到，只好想新的法子来解决。老法子有什么困难？能解决那老法子所不能解决的困难的方法便是新方法。

攻破先生关

据教育部统计，全国学龄儿童总数为四千九百十一万。又据十九年统计，全国有一千零九十四万小学生，共需五十六万八千教职员。平均每个教师教导小学生二十人。四千九百十一万小孩子共需小学教师二百四十五万人。有些教育官主张普及教育要靠师范生，办师范学校要靠官办。好，我们只须看一看十九年度师范学校的毕业生数就知道这些教育官是在做梦。这一年的高中师范、乡村师范、短期师范的毕业生合起来算只有二万三千四百零二人。师范毕业生万岁，长生不死，要费一百年的培养才够普及小学之用。即使每人担任小学生数增到四十人，也要五十年才能培养得了，还要求求老天爷保佑他们一个不死才行。还有那二万万的失学成人怎么办？假使每位教师教四十个人，就得培养五百万位民众教师。每人每天教两组，也要二百五十万。这二百五十万乃至五百万人又要多少年去培养？培养师范生每人每年要费公家一百零一元，至少三年就要三百零三元，私人的费用还不在内。二百四十五万的小学教师和二百五十万的民众教师的培养费就得要十五万万元。他们就职之后，就要领薪水。少说些，每人每年一百元，就要五万万元。如果中国的普及教育一定要这样办，那就是癞蛤蟆想吃天鹅肉。我们要冲破这个难关，必先对教师的观念起一个根本的改变。师范生乃至整个知识阶级不是教师唯一的源泉。小孩子最好的先生是前进的小孩。大众最好的先生是前进的大众。知识分子的使命，在帮助前进的孩子和前进的大众取得现代知识以同化他们的伙伴。知识分子最多只可做小孩与大众的顾问。超过顾问的范围，就要损害他们的自动精神。即使是做个顾问，知识分子也得跳进小孩与大众的队伍里去与他们共患难同休戚，才够得上顾问的资格。这样一来，我们的先生就很够用了。全国小学里是有现成的一千一百万小孩可以做小先生。私塾改良一下，也有一千万合格的小先生。识字大众是有八千万，都有担任传递先生的资格。这一万万小先生与传递先生总动员，每人教两人便是三万万。这些先生不要薪水又不必多花金钱培养，只须我们承认他们配做先生，那教师的难关，便可不冲而自破了。

攻破娘子关

全国成年女子中粗识字义者估计顶多只有一千万人，以女子总数算起来，一百位女子当中只有五位受过文字教育。学龄女孩二千四百五十五万多人当中，只有一百六十五万在学校里上学，占初级学生总数百分之十五点二四。所以中国的普及教育问题大半是女子教育问题。如果不能解决女子教育问题，无论什么方法，都是枉费心血。女子教育是普及教育运动中最大的难关，男先生能解决女子教育问题吗？

二三十岁的男先生教几位十七八岁的大姑娘能顺利的进行吗？过不得几天，意外的事情会教你干不下去。谣言闲话会从几十里外的婆家飞来。未婚夫会约几个顽皮的青年装鬼在路上吓得姑娘们不敢来上学。男先生要解决女子教育问题是难于上青天。女先生来，那是天字第一号。可是女先生根本就少。全国初等学校女先生只有三万四千一百三十九人。女师范生也不过二万人。那是差得太远咧。女先生下乡有三怕：怕蛇，怕鬼，怕贼。要来，是三个两个一起来。破产的乡村，哪里请得起？一个男校长请一位女教员也要引人说闲话。最好、最经济的是夫妻学校。但是好的东西偏偏少。经过七八年的提倡，还是寥寥无几。女先生也是难以解决女子教育问题。要想攻破娘子关，还要把小将军请出来。小先生脚迹所到的地方，男女教育机会立刻均等。广东百侯小先生初教校外学生二千人，其中有一千五百人都是女子。在小先生面前，失学的女子是一点也不害羞，有什么不懂都大胆的问。小先生连新娘房里，都能钻进去上一课。

攻破买卖关

知识是成了商品，非钱不卖，非钱买不来。当您劝一位留学生教教他的包车夫或老妈子的时候，他会回您：“没有工夫。”但是如果一个大学给他三百元一月的薪水请他去做少爷小姐的高等听差，他会连夜写飞机快信去应聘。他怎么又有工夫了？缘故是因为他的知识是用钱买来的，他的车夫老妈没有钱给他，所以没有工夫；那个大学有三百元薪水给他，就会有工夫了。在这个关口上把门的有两个妖怪：一个是大肚的守财奴；一个是大头的守知奴。他们两个把关口守得密不通风，使得无钱的人一点知识也得不着。但是知识应当是社会所公有。把买卖的商品化的知识变做自由送人的礼物，是普及教育运动的一个大目标。能攻破买卖关，肃清守知奴守财奴，以透达这个大目标的便是小先生。在小先生的手里，知识变成空气，人人得而呼吸；知识是变成甘霖，处处得其润泽知识是变成太阳光，照着广大的群众向前进行。

攻破衰老关

中国人老了！这是我们时常听见的批评。不错，有两种重大原因使中国人容易衰老，其中的一种便是传统教育。传统教育是教人学老。六岁的小孩子跟着老头子学老规矩，就好像长了两撇胡子，变成一个小老翁。小先生一来可就不同了。六七十岁的老公公和老太婆加入在小孩子的队伍里来追求现代知识，是必然沾染着赤子精神，变成了老少年。

攻破饭碗关

“吃饭不读书，像只老母猪！”这个口号有时是可以鼓励一些懒人发奋求学。但是，有些人是做得太过分了。他们居然诱惑甚而强迫人家丢掉饭碗去读书。结果是饭碗打破好几只，书还是读不成，造成许多悲剧。总之，传统民众教育是办得太呆板，使吃饭与读书往往不能两全。例如，晚上规定七点钟上课，夜饭没有吃完的不能来；饭虽吃完了而锅碗没有洗的不能来；小孩子哭着要奶吃不能来；婆婆正喊着要水烟袋儿抽烟不能来；丈夫辛苦挑菜上街方回家有许多事要侍候不能来；做生意的正有主顾光临不能来；守牛的，牛儿不适意不能来。因此，一般民众学校，开始的时候都是济济一堂。不久，便七零八落的少了下去，到最后，只剩了几个人。小先生的时间好像是橡皮做的，可以伸缩。“大嫂子！我来给你上课了。”“阿毛！我正抱小孩吃奶，请你等我一忽儿。”“我到门口去玩玩，小孩奶吃完，喊我一声。”……“阿毛！奶吃好了。快点来！”小先生便是这样从容不迫的攻破这些很难跳过的饭碗关。

攻破孤鸦关

一个乡下先生住在一个破庙里教死书，就好比是一只孤鸦。他无意也无暇与农人交接。他教他的书，对农人的一切是不能过问。他所办的学校是与社会隔离。学校不能运用社会的力量以谋进步。社会也没法吸收学校的力量以图改造。双方都失掉互济的效用。这种孤鸦的学校，普及了也没有意思。现在假使一切都不改，只把小学生变做小先生，这没有意义的学校便变成一个很有意义的学校，这位孤零零的赘疣的寒酸先生，便立刻变成一位村庄中所不可少的有作有为的先生了。比方这个学校原来有三十个学生都变成小先生，便好像是三十根电线接到各村去和他们通起电流来。在这些电线上所通的电流有来也有往。一个个小先生，可以把各村的问题、困难带来和先生讨论，又可以把学校里从外面得来的知识与力量，带去和农人与不能进学校之小孩讨论。有时大家来它一个总集合，在各村的问题上求它一个总解决。例如总动员救旱灾，除蝗虫，打倒土豪劣绅、贪官污吏、帝国主义。你仔细想想，这个学校是变了样子。它的围墙是拆掉了。那些村庄合起来是构成了整个的学校，它不但是大了几倍几十倍几百倍，而且精神是根本不同了。

攻破瓜分关

中国教育官欢喜把教育切得一块块的，每人给他一块去办，不，每人给他一块去吃。对，吃教，吃教育。最好的一个例子是所谓义务教育与民众教育的分家。不但是多费许多钱，而且是一样也办不好。连吃也不好吃。教育就像一碗八宝饭，分开来吃，每人只能尝着一两宝，你必须把它搅拌起来才好吃。我们的建议，是把儿童的教育与成人的教育搅拌一下，使它们打成一片。你有时要用小孩教成人，有时要用成人教小孩，有时要用小孩教小孩，有时要用成人教成人，若呆板的分起来，是一样也不会普及。冲破这个关口的急先锋便是小先生。小先生一来，这瓜分关的守将必得插白旗投降。

攻破课本关

读书一定要一种课本，并且要从头一本头一课教起，这也是一种成见。新学究还一定要用教科书，没有教科书便坐在那儿等待教科书寄到，边远的地方一等就是几个月。先生是活的，书本到处有。只要活用它就有办法。《三字经》活用起来，也能做普及现代生活教育的工具。路路通长安，大路断了走小路。一张发票一张签证也可以当作教科书读。上海把旧的杂志旧的书报用来包东西揩屁股，真是作孽。这都是我们内地求之不得的教科书呀！来它一个新的惜字运动，我们可以得到几万万不费钱的教科书。如果大家一定要教科书，我还有一个法子介绍，教小学生抄教科书给不能进学校的学生读。利用习字的纸、习字的笔、习字的墨、习字的时间来抄。纸当然要改良一下，格子要适合抄书的需要。平常初级课本的字是写得比多宝塔还合用，学生照着临，也能进步。先生也用批字的时间审订，免去圈叉麻烦。先生只须看学生抄得对不对，好不好，不对不好，须重抄，抄到对了好了为止。平常先生批字，真是无聊，用王羲之颜鲁公的标准批吗？要批死人。不批吧，校长要怪，家长要怪。不得已，闷起头来瞎批。骗人吗？是的。不骗，就得翘辫子。如果改习字为抄课本，一切都有意义了，不要看轻这样一个小改革。不久以前，日本小学生总动员拾取香烟盒里的锡包，积起来，买得一架飞机。小学私塾总动员改习字为抄课本，每年可得一万万部不费钱的教科书。

攻破纸笔关

读书必得写字，写字必用笔墨纸，也是一种成见。顶少似乎要有铅笔和纸，我当然赞成。但是在乡下万一买不着纸笔，也有别的办法。椅子擦得干净些，用筷子沾水也能练字。柳条为笔，泥地为纸，也可写文。只是不易考核罢了。

攻破灯油关

四万万人，八千万家，家家读书，这可算是文字教育普及了。但是究竟要怎样才无流弊，我们必须绞脑筋，打破砂锅问（纹）到底。这是每一位普及教育者的责任。我曾拜托几位熟悉家务的穷朋友代我做了一些估计。点菜油灯，每天多点一小时，每盏灯每年要多点一块钱的油。八千万盏灯每年就要多费八千万元。用洋油呢？每盏灯要四元一年。每年要费掉三万二千万元！美孚洋行的买办要高兴了。煤油大王要晓得这个消息，也要笑得说不出话来。他可以打算再拔一根毛到中国南方来办一个协和医院。这票买卖是被太阳夺去了。太阳老牌也会到地球上来争夺市场的，奇怪！普及教育者主张日光下施教。还是《老少通》里的老调儿："起得早，睡得早，省油省灯草。"早点起床，稻草窠里少睡一刻，午饭少抽一袋烟，就省下这每年的三万二千万元，好不好？

攻破调查关

传统的教育官还有一套偷懒的把戏。他说，做一件事必得预先调查清楚才能进行；要普及教育，先得调查学龄儿童和失学成人。谁能说他的话没道理？于是筹备调查，实行调查，调查后统计，统计后拟计划，计划拟定后呈报，等候批准，先试办几处。

这样一来，官儿已经换了几任，新的学校还没有开门。

调查是已经成为一种延宕的手段。这个纸做的盾牌，必得戳破。中国满地是失学的人，随手捞来都是。如果要调查一个大概，几天就够了。再要多费精力，也不能更加正确。传统教育官没有熟练而靠得住的人代他调查，他的调查多是敷衍的官样文章。普及教育不是不要调查。我们要一面干一面调查，不是先调查完了再干。一面干，一面培养调查的人，再从事精密的调查，那调查的结果才靠得住。小先生才会干这种正确的调查咧。没有小先生，这种大调查，除非费大款，决不可能。先把网儿撒下去，把鱼儿捞了上岸再去数罢。

攻破短命关

士大夫赐给大众的孩子的教育寿命只有四年，赐给大众自己的教育寿命只有四个月。最近大学教授们有所谓之学制改革案提出，其中的第一个特点便是把穷孩子的教育寿命从四年减短为一年。当然，穷孩子的教育寿命，现在连一年都没有，给他一年使他跑进教育的王国里来玩玩，如果不是空头支票，还可算是很大的恩德。但是大学教授们办学校有寒假、暑假、星期假、星期六下午假，许许多多的这样假那样假，何不减少一些，把中学大学修业年限缩短一两年，倒在国民教育的空头支票上开刀，实在令人莫解。高等教育经费二十年当中已经从三百九十万元增加到三千三百六十万元，而学生数只从四万人加到四万四千人。高等教育不可节省一点钱来延长国民教育的寿命吗？总之，这种短命的教育在我们看来是不可思议，也不值得普及。我们所要求的是整个寿命的教育：活到老，干到老，学到老，团到老，教到老。有了小先生和传递先生，大众的教育寿命可以延到各人身体寿命一样长，终身是一个继续不断的现代人。

攻破学校关

一提到普及教育，大家就联想到办学校：圈校址，造洋楼，请教员，买家具，招学生，考学生，收学费，行开学礼。这样的一个东西是不易普及，即使普及也是害多益少。这种办法，一起手便是蚀本交易。并且要把所有的学龄儿童和失学成人都关在学校里去，只有叫农人卖老牛，给洋人发财。我们找了一个很简单的东西来替代学校。这个东西便是自动工学团。

什么叫做自动？自动是大众自己干，小孩自己干，自动教育是教大众自己干，小孩自己干，不是替代大众小孩干。

什么叫做工学团？工是工作，学是科学，团是团体。说得清楚些是：工以养生，学以明生，团以保生。说得更清楚些是：以大众的工作养活大众的生命，以大众的科学明了大众的生命，以大众的团体的力量保护大众的生命。工学团是一个小工场，一个小学校，一个小社会。在这里面是包含着生产的意义，长进的意义，平等互助、自卫卫人的意义。它是将工场、学校、社会打成一片，产生一个富有生活力的新细胞。

工学团可大可小，从几个人的家庭、店铺，几十个人的学校、庙宇，几百个人的村庄、监狱，几千人的工厂，到几万人几十万人的军队、建设工程队（例如导淮筑路的大队民夫），都可造成一个富有意义的工学团。

团不是一个机关，不是一个工学的机关。假使它只是一个工学的机关，那便成了一个半工半读的改良学校，而不是工学团。团是团体，是力的凝结，力的集中，力的共同发挥。

攻破文字关

有两种极端的人：一是看重文字，把文字误看做教育的全体；二是藐视文字教育，如一般生产教育论者以为大众不需要文字，以为他们所需要的只是生计之改良。这两种观念都是错误的。人与禽兽的大分别，就在人有语言文字，禽兽没有。文明人与野蛮人的大分别，就在野蛮人只有语言，而文明人是语言文字都能灵便的运用。文字符号之妙，是妙在这个符字。道士画符未必灵。士大夫画的符才真灵。他不种田，只须把符一画，好米就有得吃了。他又想，拿一身汗去换一担米还是不上算，再画一张符，叫种米的人挑米来给我吃。农人不会画符，劳而不获，种的米都给人家画符画去了。

他眼看这个把戏很便当，也想画一画，自己老了，让儿子去学吧。束脩加上吃饭，每年至少四十元，忍痛把儿子送入私塾学画符。私塾先生就靠着会画几张蹩脚符吃饭，轻轻的传给人，饭碗不要敲破吗？孔夫子是早已警告了他，“后生可畏”的遗嘱是常常背的，不会忘记。一时计上心来，只教学生念咒，不教学生画符。念了几年咒，一张符也不会画，农人知难而退，只得把儿子叫回去依旧赶着老牛种田。但是取得面包的符号，保护面包的符号，即等于面包，有谁能否认呢？但是文字虽然重要，不可离开生活去教。生活的符号要与生活打成一片去追求。否则便是书呆子的教育。文字在普及教育上的地位既是这样确定，那么还是教汉字呢？教音符呢？二者都教呢？在这过渡时期，我主张汉字与音符和拼音文三管齐下一起教。会教汉字的先生多至一万万，这是一个顶大的便利。如果根据大众语用活的方法教，汉字也不像一般人所说的那样难。但汉字最好是拼起音来同时学，这样，中国的拼音大众文会自然而然的脱壳而出。

攻破残废关

中国教育是教用脑的人不用手，不教用手的人用脑。用脑者因为不用手，脑也不能精细，变成个呆脑。用手者因为不用脑，手也不能精细，变成一双粗手。因此读书人是成了书呆子：读死书，死读书，读书死；劳苦大众是成了工呆子：

做死工，死做工，做工死。这两种人之外，在教育圈里圈外，还有所谓之少爷小姐。他们是脑也不用，手也不用：享死福，死享福，享福死。这些人都是残废教育理论所造成的。我们换一条路走，是要使手脑联盟：叫用脑的人用手，教用手的人用脑，教一切人都把双手和脑拿出来用。“人生两个宝：双手与大脑。用脑不用手，快要被打倒。用手不用脑，饭也吃不饱。手脑都会用，才算是开天辟地的大好老。”

攻破拉夫关

“听得督学先生到，先生拉我如拉夫。”这是传统教育最有趣的一幕。学生多就算成绩好，这是一件很可怀疑的事。我虽赞成强迫教育，但绝对反对拉夫教育。你若把牧童从牛背上拉来，把摘茶女从茶山上拉来，把采棉姑从棉场里拉来，把养蚕妇从蚕室里拉来，把织布娘子从布机上拉来，把种菜的小二哥从菜园里拉来，所得能偿所失吗？减少经济力的强迫是不可施行。假使我是督学，到了采棉时节，看见校长把能采棉的孩子关在学校里，我一定要记他一大过。为什么不把帮助家人采棉当做正课？为什么要叫学校妨害农务？我个人做事是风雨无阻，但办乡村学校，下雨时节是不劝学生来。如果不信，请听我唱吧：

小宝宝！小宝宝！

今天天气不好，

你们回家要早。

雨来变成水鸡，

事情有些不妙。

明天下雨不要来。

不下雨好来。

破袜破布鞋，

弄坏没钱买。

受了潮湿，

还要把病害。

倒不如留在家里教奶奶，

没有奶奶教乖乖。

下雨就教小孩在家里教人，岂不很好？一定要把小孩变成水鸡，拉来上学，我真不懂这是什么教育。当然，我的主张遇着戴雨帽、穿雨衣、套雨鞋，没得事做的少爷小姐又当别论了。

攻破大菜关

假如你问一位老成的教育官说：为何不把教育普及出去？你有时会遇到这样的一个回答：我们只求质量的改进，不求数量之加多。这原来就是那“贵精不贵多”的滥调。我曾经写过一首小诗，想把他们的迷梦唤醒：“只为阔老烧大菜，那管穷人吃糟糠。说起理由他充足，声声重质不重量。”在这种冷酷的态度之下，大众的教育是被牺牲了。我们要求大众都能享受粗茶淡饭的教育权。质量与数量是分不开的。我们站在大众的立场上说话，是要在数量上求质量的纯粹，不在数量外求质量的改进。我们在要求人人都能享受粗茶淡饭的教育的时候，立刻必得要求这粗茶淡饭里没有一粒泥沙，而有丰富的糠精和维他命。

攻破实验关

“实验”这两个字于今是时髦极了。实验县、实验乡、实验区应时出现。普及教育是一个时髦的东西。一到了所谓的“科学的教育家”之手，也得来它一个实验。他们把普及教育分成两半：义务教育和民众教育。于是东来一个普及义务教育实验区，西来一个普及民众教育实验区。他们的意思是：教育不可轻易普及，你必得在一个小的地方先行实验，有了成效，才好推广。比如现在最时髦的营养学是研究“维他命”。这些教育家好像是对大众说：你们慢一点吃，连那粗茶淡饭都不可随便吃，必得让我把那里的“维他命”研究好了你们才好吃午饭，不然，肚子是会吃坏的。如果大众听从这位卫生家的话，慢慢的等他把“青菜豆腐”里的“维他命”研究好，才有勇气吃午饭，那么，午饭上桌，大众是早已进棺材了。实验，实验，我们如不戳破它，普及教育运动是必得被它耽误，“实验”即“迟延”，我们必得留心这个冒充的科学鬼。

攻破城乡关

一般热心普及教育的人们都不假思索的说，我们先从城里做起，渐渐的推广到乡下去。他们好像是说：“乡下人！你们不要急。等我们城里人吃好了，渐渐的会送饭来给你们吃。”中国乡下人的教育便是这样耽误了几十年。我们不能再忍耐，戳破这种空头支票。城里乡下的普及教育运动要同时一齐干。

攻破划一关

中国教育官喜欢划一，因为划一很便当，但事实上不许他这样办。不许他这样办而他偏要这样办，相持好久，渐渐觉悟过来，又悔当初白费心血。白费心血事小，民族的青春被他耽误了。当初南方与北方的寒暑假都是划一的，岂不可笑。现在还有人在那里做梦，全国教育一定要用汉字去普及，甚而至于蒙古教育要用汉字去普及，西藏教育要用汉字去普及。这真是俟河之清，人寿几何。醒醒吧！运用各民族自有的大众语及文字符号去普及现代生活教育，是最快的方法。因为教师现成的多，要省掉许多麻烦，这样一来，也能免除民族间的成见猜疑，更能鼓舞各民族自动普及教育的兴趣，进步自可敏捷。

攻破会考关

……

四川卢作孚先生在北碚用八百青年天天干新知识广播。这是值得称赞的一件事。我说这八百青年有民生公司的工作，故可顺带干这教育工作。别处似乎难以普遍仿效，何不用小先生？卢先生告诉我，四川小学生要会考，想做小先生而不可能。如要提倡小先生，必得打倒会考。我们要停止这毁灭生活力之文字会考，发动一个培养生活力之创造的考成。创造的考成所要考的是生活的实质，不是纸上的空谈。荒山种了多少树？水井开了几口？公路造了几丈？种植改良了多少？副业增加了多少？病痛减少了多少？体力增加了多少？即知即传人的小先生传递先生有多少？少爷小姐书呆子有多少是成了为大众服务的人？团结抵抗强暴的力量增加了多少？有多少人是得了追求现代知识的钥匙？

攻破偏枯关

有钱、有闲、有面子，才有书念。中国的教育雨不落在劳苦人的田园里。中国的教育雨专落在大都会的游泳池里，给少爷小姐游水玩。中国的教育雨不肯到边远的地带去滋长时代落伍的人民的文化。即使偶然顺着风势落它一阵，也是小雨，不能止渴。要救这偏枯是在损有余以补不足，中央要补助边疆及穷省，省要补助穷县，县要补助穷乡，乡要补助穷村。遗产税与庚子赔款，是这种补助最好的来源。补助也不限于金钱，人才与材料计划是要同时并进。

攻破多生关

中国人生得多死得多。根据乔启明君四省十一乡村二万余人之调查，平均人口生产为千分之四二·二，死亡率为千分之二七·九。依通俗之四万万总数计算，每年要生一千六百八十万，要死去一千一百五十万，大抵增加人口五百三十万。以全国论，灾荒淘汰互相残杀是在大批的进行，实际的增加数怕是没有这许多。依照老法子，每年只增加几十万学生，而人口之增加倒超过十倍之数，那是一万年教育也不会普及。就是我们提议的新法去普及教育，这过分的人口增加也得要统制。（一）民族须有一永久人口升降委员会之组织，随时调查耕地面积之消长，生产技术之效能，生活程度之高下，容纳人口出路之多少，以改定人口升降之比例公布全国，共同遵守。（二）研究一个铜板的避妊法，使全民族都够得上实行。（三）教男子满二十五岁女子满二十岁始可结婚，结婚后服务五年可生第一子，待第一子入小学可生第二子，以二子为限（子为男子女子之通称）。一胎生二子或三子者以一胎为限。人口稀少之地带，由人口升降委员会颁布特殊条例。

攻破守旧关

守旧的头脑，是一切进步的大障碍！这旧的里面有许多是骗人的迷信，尤其害人。漆黑一团的头脑，要用科学之光来轰动它，叫它起一种变化向进步方向去思想。电影、无线电话是两种最重要的工具。我们要普遍的运用它来改造我们的头脑。

攻破自由关

我有我的自由，谁能干涉？我高兴就读读书，不高兴就不读。我高兴就教教人，不高兴就不教。这种过分的个人自由，是必得统制。中华民国要个个国民学成一个现代人，任何人拒绝现代化，便是危害民国！必须受法律的处分。有知识的人必须纳知识税，拿自己已得的知识去教人。不肯教人的人，不配受教育。既受教育而不肯教人的，以抗税论罪。

攻破不平关

纳税的人得不到教育。拿穷人的血汗钱培养富人的少爷小姐，这是多么不平的一件事啊！婆婆不准媳妇上学，老板不许伙计读书，司务不许徒弟看报，工厂经理不许工人求知识，这又是多么不平的现象啊！攻破这个难关要三路包围：一是用小先生把知识输送到不能进学校的穷孩子的队伍里去；二是立定妨害进步罪，使一切妨害别人求学的人都受法律的制裁；三是一致奋斗，要求教育经费之确定与教育权利享受之普及，以实现教育机会之平等。

攻破天命关

中国人是听天由命的，算命先生是整个中华民国之军师。蝗虫飞来，都说虫神，捕灭的人要受天罚。大水来到，说是天公发洪水收人，不想法子治河。因此，大难临头，是没有自信心与它抵抗，连抵抗的念头都不敢起。普及教育者必须攻破天命，唤起人工胜天的自信力。我们所要普及的是创造的人生观。教育界里的人是一样的信天命，他们说：这样穷的国家，教育怎能普及？大众也是只怪自己没有福气读书，命里注定是目不识丁。只要存着这样一个念头，教育就永远不会普及，我们也只须把念头一转抱定一个人定胜天的人生观。向前创造，现代教育就自然而然的普及出去了。

小孩子能做小先生吗?

上面所说的二十七个关口之中，至少有十二个重要关口，都要靠小先生去攻破。小孩子能不能做小先生，成了严重的问题。自古以来，小孩是在教人。但正式承认小孩为小先生，是一件最摩登的事。这正式的承认，到现在，还只是限于少数的实验学校。我们必须使大家承认小孩能做教师，然后教育才能普及。小孩的本领是无可怀疑。我们有铁打的证据保举他们做先生。

1. 小孩能教小孩之铁证。

（一）南京晓庄佘儿岗的农人自己办了一个农村小学。这个小学里面的校长教师工人都是小孩自己担任。因为他们是自己教自己，所以又称为自动学校。这是我为他们写的一幅小照：

有个学校真奇怪：

小孩自动教小孩。

七十二行皆先生；

先生不在学如在。

（二）淮安有个新安小学，里面有七个小学生，组织了一个儿童旅行团，跑到上海来。他们没有教师领导，也没有父母照应，只是运用团体的力量制裁个人的行动，他们靠卖书卖讲过活，到上海的那一天袋里只有十块钱，告别上海的时候，却有六十块钱了。该校校长汪达之先生写信来，要我为这些小光棍的价值估一估，我便写了两首诗答复他：

一群小光棍（汪校长来信给他们的绰号）；

数数是七根。

小的十二岁；

大的未结婚（乡间十六七岁就结婚）。

没有父母带；

先生也不在。

谁说小孩小？

划分新时代！

在这些小孩子的铁证之下，时代是分成了两个。那个瞧不起穷光蛋和小孩子的时代是永远的过去了。这一边是开始了一个新时代。穷光蛋和小孩子是有不可轻视的力量。

（三）无锡和宜兴交界处有个地方叫做漕桥，漕桥有位青年叫做承国英。他要在西桥地方创办一个儿童工学团，要我代他找人帮忙。经验告诉我们：儿童工学团，只有儿童会办。我便找了一位不满十三岁的侣朋前去助他。侣朋到那儿的使命有二：一是发现当地有能力的儿童，把他们找出来领导全体儿童，共同创造这个儿童工学团；二是对当地的农民表现儿童的力量，使他们相信小孩子有很大的本领。侣朋到西桥的第二天正是元旦，他被邀出席三百多人的一个农民大会，立时把儿童工学团成立。据国英来信说，侣朋是有惊人的成功。的确，他在我们当中，是表现了超越的天才。他教小孩子比我们任何大人教得好。

（四）非战的马莱先生到山海工学团来参观的时候，随便找了一个孩子问了几十个问题。这孩子不但是对答如流，并且与马莱先生舌战一小时之久，卒使马莱先生得一个深刻之印象而去。这孩子便是张健。他现在只有十三岁，在萧场帮助他的哥哥创办儿童工学团。他正在领导四十几个能上学的小孩，把教育送到一百多位不能上学的小孩的门上去。他已经是个“人的小渔翁”，正撒下生活教育网儿要捞小孩子。他要一网打尽，不使一个逃掉。

2. 小孩能教大人之铁证。

依传统的观念来说，只有大人教小孩，那有小孩教大人？传统的教育家没有一个不承认教育只是成人对于小孩之行动。这些洋八股的教育家是闭起眼睛胡说，他们忽略了一半的事实。事实告诉我们，大人能教小孩，小孩也能教大人。如不相信，请看我们的证据。

（一）我们开始提倡平民教育的时候，家母是五十七岁。他当时就发了一个宏愿要读《平民千字课》。舍妹和我都忙于推广工作，没有空闲教他。那时小桃才六岁，读完第一册。我们就请他做小先生，教祖母读书。这大胆的尝试是成功了。祖孙二人一面玩一面读，兴高采烈，一个月就把第一册读完。读了十六天，我依据千字课上的生字写了一封信，从张家口寄给家母，他随口读起来，耳便听懂了。今年回想这件事很有意义，便在当年所摄的祖孙读书图上，题了八首诗如下：

吾母五十七，发愤读书籍；
十年到知今，工学无虚日。

小桃方六岁，略识的和之，
不曾进师范，已会为人师。
祖母做学生，孙儿做先生；
天翻地覆了，不复辨师生。
三桃凑热闹，两眼呆望着，
望得很高兴，祖孙竟同学。
十课十六天，儿子来一信，
老人看得懂，欢乐宁有尽。
匆匆六个月，毕业无文凭，
日新又日新，苦口作新民。
病发前一夜，母对高妈说：
你比我年轻，求学要决心。
子孙领牢记，即知即传人！
若作守知奴，不算陶家人。

（二）中华教育改进社，十年前在清华学校开年会，要教全体社员唱赵元任先生制的《尽力中华歌》。教导员是请了晏阳初先生担任。这首歌是用简谱写的，临时才知道晏先生不认识简谱。恰巧小桃是方才学会这首歌，我心急计生，便教小桃把这首歌教晏先生唱了几遍，晏先生一学会就登台引导全体会众唱起来。会众只知道教导是晏先生，那里晓得他们的太上先生是一个六岁的小孩呢？

（三）我为自动学校所写的小诗，原稿的第二句是“大孩自动教小孩”，自动学校的小朋友接到了这首诗，就写了一封信来谢我，但是提议要把那个“大”字改为“小”字。他们反问我：“大孩能自动，小孩就不能自动吗？大孩能教小孩，小孩就不能教大孩吗？”我是被他们问倒了。从此，这首的第二句便改成“小孩自动教小孩。”所以自动学校的小朋友，不是我的学生，乃是我的先生，我的一字师。

（四）新安儿童旅行团来沪，不但在中小学演讲，而且在大夏、光华、泸江各大学演讲。我向一位大学教授问，小孩们讲得如何？他说：“几乎把我们的饭碗打破！”小孩能教大学生甚至于几乎把传统教授的饭碗弄得有些不稳，虽然是千古奇闻，但确是铁打的事实。

小先生之怀胎是在十一年前。难产啊，到了（民国）二十三年一月二十八日才出世。奇怪得很，他一出世便是一个英勇的战士。在这十一个月当中他已攻进了二十三个省市。现在全县已经开始普遍采用小先生的有湖北的江陵，浙江的鄞县。安徽教育厅长首先承认小先生为全省普及教育之要图。大上海一带包括特别市、俞塘、高桥、公共租界、法租界、山海工学团已有小先生万余人。上海特别市教育局，在（民国）二十四年春天，要总动员从事普及教育运动。宜兴之西桥最进步，没有一个小学生不做小先生。别的地方，如晓庄之佘儿岗，无锡之河埒口，淮安之新安，歙县之王充，山东之邹平、泰山，河北之南关、定县，山西之舜帝庙，广东之百侯，河南的百泉、洛阳、开封，都已有了昭著的成效。现在是分三路进行。（一）由人民自动组织全国普及教育助成会及普及教育五人辅助团，于各地推动普及教育。（二）起草全国普及生活教育方案，向中央政府建议，以推进全国普及教育运动。（三）起草妨害进步罪，向立法院建议列入刑法，以扫除普及教育之障碍。若这三件事能于三个月内完成，则中国普及教育可以在二年之内，树立一坚强之基础，以助成中华民国与大同世界之创造。

——1935 年 1 月《中华教育界》
第二十二卷第七期，收入本书时有删节

民族解放大学校

你一看见“大学校”三个字，或者要疑心我想谈一谈“中央大学”一类的学府。其实我心里所想说的并不是这样的学府，而是比这样学府要大二三十万倍的大学校。

这个大学校，自二十四年十二月九日起，已经开学，还没有取名字，我姑且送它一块校牌，叫做“民族解放大学校”。

这个大学校没有围墙，万里长城还嫌太短，勉强的说，现在中华民国的国界就算是我们这个大学校的“四至”。

它也用不着花上几百万去建造武汉大学那皇宫一般的校舍。工厂、农村、店铺、家庭、戏台、茶馆、军营、学校、庙宇、监牢，都成了这个大学校的数不清的分校，连坟墓都做了我们的课堂。谁能说庙行的无名英雄墓和古北口的“支那”勇士墓不是我们最好的课堂啊？

并且它没有校长。的确，一直到现在，我们还没有找到这样的一个校长，大概这校长怕不是一个人做得起来，照趋势看来恐怕是要由四万万人合做一个集体的校长，或是由大家的公意产生一个校长团。

它的教师多着咧！前进的大众，前进的小孩，前进的知识分子，都有资格做这大学校的导师。学生们学得一点真理，立刻就负了教人的义务，也立刻成了先生了。广义的说起来，是四万万人都是先生。

它的学生也是一样的多，顶少也有四万万在这所大学校里，大家共同追求真理，活到老，学到老，教到老，干到老，团到老。

我说四万万人这句话是有毛病。（一）因全中国的人是没有正确的统计。（二）因少数汉奸卖国贼必得开除出去。（三）因我们不能关起国门来办教育，这个大学校的国外学生、同学、导师，谁能数得清呢？

学校虽大，功课只有一门。这门功课叫“民族解放教学做”。简单一点，它叫做“救国教学做”。先生教什么？教救国。学生学什么？学救国。教与学都以“做”为中心。先生要在救国的行动上教救国，学生要在救国的行动上学救国，这样才是真正的救国教学做，这样才是真正的民族解放教学做。

这门伟大的功课当然有许多细目可以分出来。例如政治、经济、军事之演讲，作战防御技术之操练，医药救护之操练，交通工具之操练，戏剧歌唱之演习，国防科学之研究，大众教育之推进，拼音新文字之普及等等，都是这门功课理所应当包括的细目，都是以民族解放之实际行动为中心。有计划有组织的各种实际行动的过程，便是这个大学校的课程。

照上面的观点看来，救国不忘读书的口号是站不住了。救国与读书是分不开的。我们只读可以救国的书，救国的行动要求什么书我们才读什么书。最近教育部通告里说“教育之生命即民族之生命”。这句话也要颠倒过来才是真理。民族之生命即教育之生命，不救民族之生命，那能救教育之生命。这个大学校只救民族之生命，则教育自然有生命了。

这个大学校的教育法也特别。前进的生活法便是前进之教育法。前进的生活法是什么？一是批判，二是战斗。这个大学是要根据大众的利害来批评一切歪曲的理论，要为民族解放的前途，向汉奸卖国贼封建势力帝国主义拼命地战斗。

这个大学也要办毕业，它也有会考。等到一切失地收回，主权恢复，中华民族完全得到了自由平等，我们就算会考及格，定期举行毕业典礼。

这样的会考，当然不是写几篇文章就能及格。我们的民族解放的证书是用血写的。我们的民族解放毕业是打出来的。我们所纳的学费不是金子银子，乃是我们的生命。我们所需要得到的不是方块帽、漏斗袋，乃是万万年的整个中华民族之自由平等！

够了！你这个人是多么自私自利啊，单为你自己一个民族打算！对，你的话虽然骂得不错，但是你不要心急，民族解放大学只是一个初级大学，在它上面，还有一个更大的人类的高级大学咧！

——1936年2月16日《生活教育》第二卷第二十四期

中国大众教育问题

一、中国大众教育概论

为什么要大众教育？中国是遇着空前的国难。这严重的国难，小众已经解决不了，大众必得起来担负救国的责任而中国才可以救。我们的“友邦”要取得辽宁的铁、山西的煤、吉林的森林、华北的棉田、福建的根据地以及全国的富源，并不是安分守己的做一个富家翁享享福就算了事。他是要叫我们四万万五千万人做亡国奴——做他的奴隶。做奴隶当然是不会舒服的，除了为他种田做工之外还得为他当兵，做他进攻别人的肉炮弹。只须大众觉悟起来，不愿做亡国奴，与其拿生命来做敌人的肉炮弹，不如拿生命来争取整个民族的自由平等，我们的国难就必然的解决了。但是中国的大众受了小众的压迫剥削，从来没有时间、金钱、机会去把自己和民族的问题彻底的想通。加上了几千年的麻醉作用，他们遇到灾难，会武断的说是命该如此。我们要一种正确的教育来引导大众去冲破命定的迷信，揭开麻醉的面具，找出灾难的线索，感觉本身力量的伟大，以粉碎敌人之侵略阴谋，把一个垂危的祖国变成一个自由平等的乐土。

大众教育是什么？大众教育是大众自己的教育，是大众自己办的教育，是为大众谋福利除痛苦的教育。这种教育和小众教育固然大不相同，即和小众代大众办的所谓民众教育、平民教育也是根本矛盾。大众教育是要教大众觉悟。只是教大众生产、生产、生产，长得肥一点，好叫小众多多宰割的教育不是大众教育。大众教会是对大众讲真话。专对大众说谎的教育是骗子教育而不是大众教育。大众教育对着麻醉大众的歪曲理论是要迎头驳斥。始而装痴装聋，继而变成哑巴，终之而拜倒在当前势力下，这是帮凶教育而不是大众教育。大众教育是要教大众行动，教大众根据集体意识而行动。只教大众坐而听，不教大众起而行，或是依照小众的意思起而行，都是木头人教育而不是大众教育。大众教育是要教大众以生活为课程，以非常时期的有计划有组织的生活做他们的非常时期的有计划有组织的课程。这非常生活，便是当前的民族解放、大众解放的生活战斗。这是大众教育的中心功课。在这里我们要指出民族解放与大众解放是一个不可分解的运动。如果大众不起来，民族解放运动决不会成功。但是如果不拼命争取民族解放，中国大众自己也难得到解放。所以大众教育只有一门大功课，这门大功课便是争取中华民族大众之解放。若只教大众关起门来认字读书，那是逃避现实的逃走教育而不是真正的大众教育。

大众教育怎样办？依据教育部的统计每一个小学生每年要用八元九角钱的教育费，民众学生每年要用一元八角钱的教育费。现在中国有二万万失学成人，七千万失学儿童。这二万万七千万人当然是我们大众教育的对象。照上面的费用算起来就得要十万万元才能普及初步的大众教育。这个数目不但是大众自己办不到，就是教育部，去年费尽九牛二虎之力也只筹到三百多万元的义务教育经费，对于这十万万的大众教育经费也一定是筹不出来的。因此，大众教育在现阶段一定要突破金钱关才能大规模的干出来。下面的两条原则和一个新工具是一方面可以叫大众教育突破金钱关，一方面又叫大众教育进行得更有效力更有意义。

（一）社会即学校。大众教育用不着花几百万几千万来建造武汉大学那皇营一般的校舍。工厂、农村、店铺、家庭、戏台、茶馆、军营、学校、庙宇、监牢都成了大众大学的数不清的分校。客堂、灶披、晒台、厕所、亭子间里都可以办起读书会、救国会、时事讨论会。连坟墓都可以做我们的课堂。谁能说庙行的无名英雄墓和古北口的“支那”勇士墓不是我们最好的课堂啊！

（二）即知即传。得到真理的人便负有传授真理的义务。不肯教人的人不配受教育。前进的知识分子当然是负着推动大众教育的使命。但是经过很短的时间，前进的大众和前进的小孩都同样的可以做起先生来，我们可以说大家都是学生，都是同学，都是不收学费的先生。在传递先生和小先生的手里，知识私有是被粉碎了，真理为公是成了我们共同的信条。

（三）拼音新文字。拼音新文字是大众的文字。有了新文字大众只须花一个月半个月的工夫，便能读书、看报、写文。初级新文字教育只须三分钱就能办成，连一个人力车夫也能出得起。大众教育可以不再等待慈善家的赈济。的确，文化赈济是和面包赈济一样悲惨，一样的靠不住。水灾和旱灾的地方是十个人饿死了九个，剩下一个人才等着一块面包，而这块不易得的面包是差不多变成酸溜溜的浆糊了。新文字！新文字！新文字是大众的文字。他要讲大众的真心话。他要写大众的心中事。认也不费事。写也不费事。学也不费事。笔头上刺刀，向前刺刺刺，刺穿平仄声，刺破方块字，要教人人都识字，创造大众的文化，提高大众的位置，完成现代第一件大事。

依据社会即学校，即知即传两条原则，拿了新文字及其他有效工具，引导大众组织起来，争取中华民族大众之解放：这便是中国所需的大众教育。

二、大众的国难教育办法

（一）国难教育之目标。

（甲）推进大众文化。（乙）争取中华民族之自由平等。（丙）保卫中华民国领土与主权之完整。

（二）国难教育之对象。

（甲）教育大众联合起来解决国难。（乙）教育知识分子将民族危机之知识向大众广播。

（三）国难教育之教师。

（甲）前进的大众。（乙）前进的小孩。（丙）前进的学生。（丁）前进的教师。（戊）前进的技术人员。

（四）国难教育之非常课程。

有计划的非常生活便是我们有计划的非常课程。（甲）政治经济专家之演讲讨论。（乙）防卫作战技术之操练。（丙）医药救护之实习。（丁）交通工具运用之实习。（戊）国防科学之研究。（己）大众教育之推广研究。

（五）国难教育之组织。

（甲）成立学生救国会及学生救国联合会，以实施学生之国难教育。（乙）成立教师救国会及教师救国联合会，以实施教授教师之国难教育。（丙）成立各界大众救国会及各界大众救国联合会，以实施大众之国难教育。

（六）国难教育之文字工具。

（甲）拼音新文字，易认易写易学，应立即采取作为大众普及教育之基本工具。（乙）用汉字写作时也须将它写成大众易学之大众文。

（七）国难教育之方法。

在行动上取得解决国难真知识，立刻把它传给大众，使它在解决国难上发生力量。（甲）推动报纸、杂志、戏剧、电影、说书人、无线电播音，积极针对民族解放做宣传。（乙）变通各校功课内容，使适合于解决国难之需要。（丙）运用县、市、乡现有组织及集会，宣传民族危机及解决国难的路线。（丁）推动家庭、店铺组织国难讨论会、读书会。（戊）开办或参加识字学校，使此种学校对解决国难发生效力。（己）长途旅行，唤起民众组织起来救国。（庚）必要时游行示威。

（八）从事国难教育同志应有之几点认识。

（甲）中国已到生死关头，我们要认识只有民族解放的实际行动才是救国的教育。为读书而读书，为教书而教书，乃是亡国的教育。（乙）中国已到生死关头，只有武力抵抗才是生路。（丙）根据目前的阿比西尼亚抵抗意大利及历史上被压迫民族独立解放运动的经验，中国不但可以抵抗，并且可以久战，获得最后胜利。（丁）中国的国难不是少数人可以挽救，我们必须教育大众共同抵抗，中国才能起死回生。（戊）我们应该知道孤立不足以图存，必须联合世界弱小民族及世界上以平等待我之民族共同奋斗，才能够翻身。（己）我们应该知道东北问题、华北问题，都是整个中国的问题而不是一个地方的问题。（庚）我们应该知道集会、结社、言论之自由，为表示民意，认清路线，共同行动之必要条件，我们必须拼命争取才能发挥国难教育。（辛）我们应该知道，国难当头，大家都应该加倍努力以求国难之解决，故主张国难不止，决不放假，当然我们是坚决反对提前放假。（壬）我们应该知道教师的责任，不仅是指导学生，而且要与学生参加救国运动，同过救国生活，共受救国教育，故我们主张教师要与学生大众共休戚，决不可袖手旁观。

三、大众的国难教育方案之特质

现在是教育与国难赛跑。我们必须叫教育追上国难，把它解决掉。但是教育这个东西能帮助解决国难也能加重国难，我们是不可以随便干的。要怎样才算是一个解决国难的教育方案？让我把它的特质指出来，你就可以知道它和别的教育方案是不同了。

（一）它是单一的解决国难的教育方案只有一个目的。这个目的就是保卫中华民国领土主权之完整以争取中华民族之自由平等。一切教育设施都要以这个神圣的使命做中心。教育部新近宣布国难时期教育宗旨，说：教育之生命，即民族之生命。还有人甚而至于说：我们先要救教育之生命，才能救民族之生命。前一说是把生命的源头弄颠倒了。后一说是把一个生命分成两个：一是教育的生命，二是民族的生命。我要郑重的说：教育没有独立的生命，它是以民族的生命为生命。唯有以民族的生命为生命的教育，才算是我们的教育。国难教育是要教人救民族之命，则教育之命自然而然的得救了。

（二）它是大众的民族之命非“小众”所能救。国难教育的任务，在唤醒大众组织起来救国。教育大众是当前国难教育之第一件大事。《大公报》二月七日的社评乃把它降到第二义，可算是颠倒是非了。北平学联会所通过之非常时期教育草案是很好的，但是《大公报》披露该案的时候，任意的把民众教育三条删掉，也是因为《大公报》是采取了一种要不得的流行的态度：不许大众救国。我们应该知道，不许大众救国的教育，乃是亡国的教育，而不是救国的教育。

（三）它是联系的解决国难的教育方案，应该注重三种联系。一是内容的联系。一切科目活动都以解决国难为中心而取得联系。二是组织的联系。各界各团体都以救亡工作为中心而取得联系。三是历史的联系。把现在中国民族解放运动与历史的教训密切的联系起来。这样整个的中华民国是成了我们的伟大的大学校。中山大学教育研究所所拟之战时教育工作计划，很详细具体，但是单以学校为组织之中心是不够的。至于有些人想把国难教育像只小鸟儿关在课堂的小笼里，那更是自欺欺人了。

（四）它是对流的比如烧水，冷水重而往下沉，热水轻而往上浮，这叫作对流。经过一些时候的对流，水就自然的沸起来了。解决国难教育的方案是必须容许上层下层的对流。

领导的人总想由上而下。但是纯粹由上而下的教育，只能造成被动的群众。被动的群众是发挥不出力量来担负救亡的责任。我们必须愿意被群众领导才能领导群众。故群众对于教育必须有由下而上的自动的机会，才能把自己和领导者造成救亡的战士，而完成救亡的使命。我们应当打通领导者与被领导者中间的隔板，使他们可以对流而互相教育。若把教育分成两部分，一部分专门培养领导者，另一部分专门培养被领导者，结果必定是教领导的人脱离群众的要求，致使国难教育变成一个麻木不仁的东西。

（五）它是行动的高谈阔论不能救国。只有实际的救国的行动才能把将亡的国救回来，但不能盲行盲动。我们所需要的是有理论的行动，有组织的行动，有计划的行动，有纪律的行动。所谓理论、组织、计划、纪律，又不是校长训育主任为行政便利弄出来的那一套，乃是民族解放运动所决定的必要条件。我们要在行动上接受民族解放的理论、组织、计划、纪律。为教育而教育，不许行动的教育，乃是加重国难的教育，而不是解决国难的教育。

四、新大学——大众的大学

新大学是什么？新大学是大众的学府。

《大学》里面说："大学之道在明明德，在新民，在止于至善。"这是从前的"大学之道"。新的"大学之道"就不同了。依照新的眼光看来，它是变成了“大学之道在明大德，在新大众，在止于大众之幸福。”

什么是“大德”？“大德”是大众之德。大众之德有三：一是觉悟；二是联合；三是争取解放。“明”即明白，要教大众自己明白大众之德是这样。

“新大众”是教大众自新。大众本来是可以明白“大众之德”，但为天命之说和别的迷信所麻醉，把自己弄得糊里糊涂。新大学之任务是要教大众在真理的大海里洗个澡，天天洗，一世洗到老，使得自己的头脑常常是清清楚楚的，认识痛苦之来源和克服痛苦之路线。

“止”是瞄准的意思。新大学的一切课程设施都要对着大众的幸福瞄准。为大众争取幸福所必需的就拿来教人，所不需的就不拿来教人。

从前大学里所造就出来的人才有两种。一种是不肯为大众做事。我曾经为这种人写了一幅小照：

滴大众的汗，
吃大众的饭，
大众的事不肯干。
架子摆成老爷样，
不算是好汉。

第二种人是代替大众做事，但野心勃勃，想要一手包办，甚至不许大众自己动手来干。这样的人我们也是反对的：

大众滴了汗，
大众得吃饭，
大众的事大众干。
若想一个人包办，
不算是好汉。

新大学所要培养的不是这种人。它要培养和大众共同做事的人才。如果它也免不了要培养领导人才的话，它是要培养愿意接受大众领导而又能领导大众的人才。说得正确些，它是要培养大众做大事。

还有一种时髦大学，好像是我所说的新大学而实在是和我所说的正相反。它们的作风，一动手就是圈它几千亩地皮，花它几百万块钱，盖它几座皇宫式的学院。我参观了珞珈山武汉大学之后有人问我作何感想。我说如果我有这笔款，我用款的步骤是有一些不同。第一步，这笔款用来开办大众大学，足够培养五百万大众帮助收复东北。第二步，东北收回之后，假如还有这样多的款子，我想用来发展一些适合国民经济的工业。第三步，工业稍有发展，又积下这么多的款子，我还不能建造皇宫的学府，是必须盖些大众住宅，使无家可归的人可以进来避避风，躲躲雨。第四步，等到一切穷苦无告的人都可以安居乐业了，那时大众一定要勉强我盖几座皇宫的学府，我大概是可以马马虎虎的答应了。

那么，新大学就不要校舍吗？要是要的。没有也无妨。茅草棚虽小，足够办大学。

新大学是大众大学。新大学是茅草棚大学。

五、怎样做大众的教师

现在中华民国已经到了生死关头，我们做大众教师的人应当怎样做才能帮助解决国难而不至加重国难？我常以这个问题问人，现在人也常以这个问题问我了。这里是我的答复：

第一，追求真理。大众是长进得很快，教师必须不断的长进，才能教大众。一个不长进的人是不配教人，不能教人，也不高兴教人。大众快赶上你了！你快要落伍了！"后生可畏"不是一句客气话，而是一位教师受了大众蓬蓬勃勃的长进的压迫之后，对于自己及一切教师所提出来的警告。只有不断的追求真理才能免掉这样的恐怖。也只有免掉这种恐怖才能教大众，否则便要因为怕大众而摧残大众了。我得声明，真理离开行动好一比是交际花手上的金刚钻戒指。我们所要追求的是行动的真理，真理的行动（Truth in Action）。这种真理不是坐在沙发上啣着雪茄烟所能喷得出来的。行动的真理必须在真理的行动中才能追求得到。你不钻进老虎洞，怎能捉得小老虎。

第二，讲真理。让真理赤裸裸的出来和大众见面。不要给它穿上天使的衣服。也不要给它戴上魔鬼的假面具。你不可以为着饭碗、为着美人、为着生命，而把“真理”监禁起来或者把它枪毙掉。教师只能说真话。说假话便是骗子，怎么能做教师呢？

第三，驳假话。说假话的人太多了。教师要有勇气站起来驳假话。真理是太阳。歪曲的理论是黑云，教师要吹一口气把这些黑云吹掉，那真理的太阳就自然而然的给人看见了。

第四，跟学生学。你要教你的学生教你怎样去教他。如果你不肯向你的学生虚心请教，你便不知道他的环境，不知道他的能力，不知道他的需要，那么，你就有天大的本事也不能教导他。他要吃白米饭，你倒老是弄些面条给他吃，事情是会两不讨好。不但为着学生而且为着你自己，你也得跟你的学生学。你只须承认小孩有教你的能力，你不久就会发现小孩能教你的事情多着咧。只须你甘心情愿跟你的学生做学生，他们便能把你的“思想的青春”留住；他们能为你保险，使你永远不落伍。

第五，教你的学生做先生。你跟学生学，是教学生做你的先生。如果停止在这里，结果怕要弄到师生合做守知奴，于大众毫无关系。你必得进一步教你的学生去教别人。你必须教你的学生把真理公开给大众。你得教你的学生拿着真理的火把指点大众前进。

第六，和学生大众站在一条战线上。教学不和学生站在一条战线上便不成为教师。这是怎样说呢？因为他要到西方去，你却教他往东走；反过来，他要到东方去，你却教他往西走，这种牛头不对马嘴的教育怎能行得通呢？有些教师不惜使用强迫手段要学生朝着教师指定的路线走，结果是造成师生对垒，变成势不两立。在势不两立的局面下还能叫学生接受他的指导吗？不但如此，先生学生虽是打成一片，如果他们联合行动的目标与大众所希望的不符，还只是小众的勾结，将为时代所不容。因此做教师的人必须和学生、大众站在一条战线上为真理作战，才算是前进的教育。现在中国第一件大事是保障中华民国领土主权之完整，与争取中华民族劳苦大众之自由平等。教师和学生大众都要针对着这个大目标，才能站在一条战线上来。教师和学生大众站在这一条战线上来奋斗，才算是实行着真正解决国难的教育。你若把你的生命放在学生的生命里，把你和你的学生的生命放在大众的生命里，这才算是尽了教师的天职。

我们如果能把上面这六点做到，便不愧为现代的教师了。这样的教师，我相信，对于民族解放、大众解放、人类解放是有贡献了。

六、怎样才可以做一个前进的青年大众

什么是前进?

我是今年五月十日到平南。平南是邕江旁边的一个小村庄。村里有一个女学校，学生个个是赤脚大仙。我对于他们的认识是：

一群野姑娘，
好像没规矩；
教他穿袜子，
嘴许心不许，
粉碎烂规矩，
创造新规矩；
无领人干涉，
万事自作主。
有弛也有张，
不是自由乡；
令人留恋处，
仿佛在晓庄。

这里的同学是天真烂漫，对于世界国家的大事是要打破砂锅问（纹）到底。他们围着我，盯着我问东，问西，问个不歇。我说，找一个风凉的地方来畅谈一下更好。

那是现成的。门外就是六七株很大的榕树，像撑着大伞，排起队来，站在江边侍候着。好得很，还有几块古碑睡在地上让我们坐。这些树荫底下简直能坐好几百人。我们将近一百人在两棵树的中间坐了下来，已经是觉得够宽畅了。正是：

大树挡太阳，
清风来邕江；
坐在古碑上，
大事共商量。

这真是别有天地非人间。我们的有意义的讨论就这样的开幕了。

先是有人说了几句介绍词，接着就是我的简短的开场白。忽然间，一位同学像爆蚕豆样爆出一个问题来：

“怎样才可以做成一个前进的青年大众？”“跟前进的人做朋友。”

“前进的朋友到哪儿去找呢？他又没有招牌挂在脸上。”

“听他讲的是什么话。看他干的是什么事。”

“在我们近边的人，固然可以这样办。不幸近边的前进的人不可多得又怎样办？幸而有，我们还想多得几位前进的朋友又怎么办？”

“像蚂蚁寻蜜糖一样去找。”

“我们又不是蚂蚁，怎么去找？”

“跟着气味去找，那气味是在前进的文章里。看前进的杂志，要不断的看。”

“这提起我想到一点，就是前进的书也要看。”

“对！前进的书是更有系统，更能帮助你前进，可是前进的杂志可以帮助你找到它们的线索。我素来不喜欢看广告，但前进的杂志上新书出版的广告不可不看。”

“前进的朋友也能把前进的书介绍给我们。他们还能介绍我们知道一些没有广告的书。除了找朋友，看杂志，读新书之外，还有什么别的办法呢？”

“钻进大众的生活里去。”

“大众拜菩萨，先生也叫我们陪他们烧香读经吗？”

“那可不是呀。那样钻进去，是跟着他们落伍，何能帮助我们前进？你要钻进大众的生活里去是免不了要穿上一套潜水衣。潜水衣能叫你钻进水里去感受水的压力并在水里做工作而不至给水淹死。你要钻到大众的生活里去感受大众的痛苦，了解大众的问题，明白大众的力量。你不但要避掉他们的迷信和落后思想，并且要帮助他们克服这一切。”

“那件潜水衣是什么？”

“前进的意识钻进大众的生活里去，等你钻出来的时候，你的意识是更前进了。大众的意识也跟着你所接触而一起前进了。”

“有些人从前是前进的，过不得多少时候就会落伍到几千里外去。这是什么道理？最明显的是五四时代所谓前进分子，到如今多数是反动颓废得太厉害，我们眼面前也有些人是如此。有什么法子可以叫我们继续不断的前进？”

“你的意思是要有个保险公司，要保你一世到老的前进吗？”

“是的。怎样可以为前进保险？这个保险公司那里有？”

“办法就在‘公司’两个字里面。公是公共；司是看管，又有司理的意思。例如司机是开机器的人。前进的人联合起来过着前进的生活，大家彼此看管好了，不使一个人落伍，那么前进就得到保证了。个人的前进是最靠不住。他高兴就前进，灰心就落伍，谁也不能为他保险。唯有集体的前进行动才能帮助我们一世到老的前进。”

“这是很对的了。但是加入这个集体的分子是不是需要年龄的区别，是不是一定要整整齐齐的青年。我看有些小孩倒很前进的，似乎也能加入。”

“严格的限制是有害的。有些小孩是的确很前进。这些年来，不但是青年教我前进，小孩也教我前进。有时青年对老师说话要客气些，不便逼人过甚，而小孩倒天真烂漫，心里有什么说什么。我个人的经验是得着小孩的指教多于青年的指教。我并且亲眼看见前进的小孩督促几位落伍的青年简直如同赶驴子一样的认真。如果把小孩子开除，那是一个大损失。我们成年人应该跟青年学，青年人是无疑的应该跟小孩学。集体的行动里面倘若能够加入前进的小孩那是更能保险大家前进了。……我们怎样才可以做成一个前进的青年？我得加重的补说一句：最重要的方法是集体的前进行动，是前进的集体行动，它不但是为'前进'保证，并且它本身便是培养'前进'的主要方法。"

讨论到这里，我正想休息一忽儿，忽然又来了一个大炮：

"什么是前进？"

"你们大家想想看。这是个根本问题。我们倘使不能明明白白的答复这个问题，前面的讨论就会落空。什么是前进？"

"反日是前进。"

"反封建是前进。"

"反个人主义是前进。"

"为大众谋幸福是前进。"

"教大众觉悟是前进。"

"教大众联合起来是前进。"

"和大众站在一条战线上争取解放是前进。"

"追求真理是前进，固执成见是落伍。"

"行动是前进，空谈是落伍。"

“斗争是前进，妥协是落伍。”

“创造是前进，改良是落伍。”

“把握现在是前进，幻想是落伍。”

“世界观的是前进，狭义的国家主义是落伍。”

“运用矛盾以发展的是前进,坐待高潮之来到的是落伍。”

“唱《义勇军进行曲》是前进，唱妹妹我爱你是落伍。”

“你们所说的，我大致满意。有几条似应该归并，恐怕也还有遗漏，这个整理的工作，以后再干。今天我们至少对于‘什么是前进’是有了一个比较清楚的系统的了解了。我却有两点意见贡献。比如，反帝这个口号在一年前是无论那一个前进的人都为无可怀疑。但最近这几个月来，情形是大变了。我们觉得危害中华民族生存的最大敌人是日本帝国主义。我们应当把我们的战线缩短。所以反抗日本帝国主义是成了当前最前进的口号。这口号是与把握现实一条更为符合了。其次，单单行动两个字不限定是前进。开倒车也是行动，反动也是行动。因此，我们是需要修改一下：有真理指导的行动才是前进。我高兴得很，自从经过这次讨论之后，我对于这个问题是更加明了了。我很感激诸位同学的指教。”

“你对于不前进的青年有何感想呢？”

“老了。病了。一个人老了是几乎没有药医。病了，如果他愿意医，还有办法。”

“一个十七八岁的青年会变老吗？”

“他会。他会变成一个十七八岁的老翁。他会。他会变成一个十七八岁的老太婆。”

“他们害什么病呢？”

“爱病！一个不前进的青年是会害爱病，病死在爱里，这些恋爱至上主义者是多么的可怜啊。”

“有什么药医呢？”

“只有一样药。用革命来指挥恋爱。用革命至上论来克服恋爱至上论。这样一来，他是变成了一个前进的青年了。他必须变成一个前进的青年才能医好这种青年病。”

“前进的青年就不会害病吗？”

“有些也害病。害的是幼稚病。他们把四周围的朋友都造成敌人。他们帮助敌人造成联合战线攻打他们自己，他们像蚕一样，造茧自缚。他们拼命的‘前进’，结果是一步也不得进，甚而至于退到几千里外去。他们在敌人的面前张挂自己营盘的军用地图，他们把自己造成敌人。前进的青年只怕害这种病。”

“有药可医吗？”

“自我批判。追求真理。”

“哈哈，有了药方，我们不怕生病了。”

“药方不能担保你们不生病。你们要依着药方去配药来打预防针，才不会害病，就是病了，也不至把老命送掉。这种预防针是像种牛痘一样，隔一些时候就要打一次才能保险的。”

“晓得了。”

……

太阳下山了，天快黑了。赤脚大仙累了。我也坐着一只小船儿回来了。

七、文化解放

（一）什么是文化？

文化是什么？初看起来是一个很容易答复的问题，但是仔细想一下，却有些困难。我们看到一本书，大家都可以承认它是属于文化方面的东西，但是遇着一把“石斧”的时候，我们的意见就要分歧了。有的人承认它是古代文化的遗产；有的人就不免要把它划进别的部门里面去。如果我们承认它是文化的遗产，那么一切生产工具都可以包括在文化的范围里面去了。石斧既是属于文化，那么，锄头，乃至机器都可以算为文化了。这样一来，文化范围可就广大了。除了大自然之外，凡是人类所创造的一切都是文化了。凡是可以用来生产、战斗、交通、享乐、治理、思想的工具以及这些工具所引起的变化都可以当作文化看待了。这是一个顶宽的看法，也是一种顶简单的看法。照这样看法，文化是与大自然相对起来。世界上的一切可以分成两大类：一类是没有加上人工的，叫做自然；另一类是人工所创造的，叫做文化。但是在这个广大的定义之下，研究讨论的工作是不易进行。因此我们要从这广大的事物里抽出一部分来，特别叫它为“文化”。这部分便是记录思想、传达思想、发展思想、改变思想的符号、工具和行动。照这样看法，在文化里面是包含了书籍、报纸、戏剧、电影、学校教育、社会教育、民众运动、高深学术研究等等。在本质方面看，文化工作是反映着人类经济政治的思想。这个定义是与一般人普通所想的接近。

（二）对谁解放？

大众是文化的创造者。最初连语言文字都是从劳动中产生出来的。从哼呀哼呀的呼声里发现了语言，这是不可否认的事实。在树皮上画游猎的路线是文字起源之一。石斧、石刀、种地、造房子不是什么圣人发明的，乃是许多劳苦大众一点一点的积起来的贡献。近代工人对于发明上千千万万的贡献都给科学家偷了去写在自己的账上。文化是大众所创造的。文化是被小众所独占。现在应该将文化从小众的手里解放出来。创造文化的大众应该享受创造的结果。文化是无疑的要对大众解放，使整个文化成为大众的文化。现在的文化解放运动可以说是大众文化运动。

（三）认识上的解放。

文化有什么功用，我们必得把它认识清楚，才能谈它的解放。有些人把文化当作装饰品看待，以为大众用不着这个东西。我承认现在所谓“文化”当中有一部分是好比金刚钻戒指。但是有一部分是思想斗争的武器，这武器必定要解放出来，给大众抓住，然后民族大众的解放才有很快的发展。其次，有些人以为大众文化是要等到大众政治实现以后才有可能。我承认大众文化的普及是要等到整个政治变成大众的政治。但是，大众的政治决不是凭空从天上掉下来的，它是要靠着大众继续不断的奋斗才能实现。这奋斗是要运用文化的武器以转变大众的思想才能保证胜利。另外，特别是从事文化工作的人，太夸大文化的工作，或把文化看作一个孤立的东西。他们相信文化万能，或者是为文化而文化。这样会叫文化工作脱离了现实而变成一个没有作用的东西。殊不知文化所要记录、传达、发展、改变的思想乃是人类生活中心的思想，即是政治经济的思想。文化脱离了政治经济便成了不可思议。我们认识了文化是政治经济斗争的武器就没有这个毛病了。最后，还有一种人以为文化的工作是纯粹的头脑工作。他们把它看成一个静的东西，可以静坐而得，静坐而传。他们忽略了行动与思想的关系。他们没有认识文化运动的作用。我们如果认识文化是民族大众解放的斗争的武器，这个静止文化的错解也就消灭了。我们对于文化的功用至少要有这点认识，然后才能把它从错误歪曲的观念里解放出来。也唯有把文化从错误歪曲的观念里解放出来，文化才能发生真正的作用。

（四）工具的解放。

中国的思想符号主要的是汉字。读书人要花一两千块钱，学它十年二十年，才可以读点古书，平常的人花它百把块钱一两年只是一撇一直的像稻草一样吃到肚里去不能消化，俗语叫作不通，读书没有读通。这难写难识的汉字只好留给那少数有钱有闲的少爷小姐去学，无钱无闲的大众和苦孩子必得另找出路。这出路就是近年提倡的易写易认的新文字。大众只须一个月每天费一小时就会写新文字的信，看新文字的报，读新文字的书，那是多么便利啊！大众文字的解放是大众文化解放的钥匙，

（五）方法的解放。

传达文化之方法，依我看来，有三点最要解放。第一点，灌注的教授法最要不得。它把接受文化的人当作天津鸭儿填。民族大众解放运动最需要的不是灌注的演讲而是对于时事之讨论。这种相互之自由讨论，如果有前进书籍杂志作参考最能启发人的思想。学生和大众应该普遍的从灌注的教授法里解放出来，跑到这种自由讨论的空场上呼吸些新鲜空气，晒一晒太阳光。第二点，是知识封锁也要不得。从前的观念是学问自己受用，学校变成守知奴如制造厂。我们应该把自己从这知识私有卑鄙习惯里解放出来，我们对于真理应该即知即传，不肯教人的人不配受教育。从前写文章的人，是写得越深越觉得得意。现在呢，连白话文都得解放成大众文，使得大众易于了解。这的确对于传布文化起很大的作用。觉悟

的知识分子都得把自己的作风解放出来使得大众易懂。第三点要不得的是教而不做，学而不做。我们要在行动上来推进大众文化。我们要从静的方法解放出来，使大众加入真理的行动以追求行动的真理。

（六）组织上的解放。

文化的组织是被小众捏得死死的。学校里的训育管理变成官僚化。学生只是被治而失去了自治。我们要把文化从模范监牢里解放出来，使它跑进大社会里去。社会即学校。文化的场所多着哩。茶馆、酒楼、戏院、破庙、茅棚、灶披、晒台，甚至于茅厕在今日都成了大众的课堂。整个民族解放运动成了大众的课程。平常的课程如果是和民族解放运动配合起来就不得不起质的变化。例如算学吧，那是看作一门纯粹的学科，然而把整个中国失掉的领土富源算一算，便立刻从平常的课程跳入非常的课程里面来了。在新的组织里教师学生和大众是站在一条民族自救的大路上，从前教师与学生间、学生与大众间的围墙都要打通，这样大众的文化才能充分传达发展。

（七）时间的解放。

有些传统的学校，名为认真，实际是再坏无比。他们把无所谓的功课排得满满的，把时间挤得点水不漏，使得学生对于民族前途和别的大问题一点也不能想，并且周考、月考、学期考、毕业考、会考弄得大家忙个不了，再也没有一点空闲去传达文化唤起大众。说得不客气些，这就是汉奸教育、奴化教育、亡国教育。另一方面，大众一天做十二小时工，甚至于有的要做十六小时的工。他们是没有空闲接受文化。时间是文化战的最大关键。我们必须争取时间来推进大众文化。时间解放是大众文化解放的焦点。

（八）新文化创造的解放。

新文化之创造是社会进步之特征，同时，也是帮助社会更进一步的一种推动力。新兴的文化多少总是于大众有益的文化。所以新文化的创造是受着前进者之欢呼，同时是遭着落伍者之妒忌。前进的书籍、杂志、戏剧、电影种种，是在热烈的欢迎里遇着最惨酷的虐待。明明是一部最好的电影，他会给你东剪一条，西剪一条，剪得使你失去了原来的生命。好比人家生了一个小孩，假如管户口册的人要批评你这孩子那里生得对，那里生得不对，你一定是要觉得他做得太过分了；又假如他不但是随嘴乱说，并且手里还拿了一把剪子，看到孩子耳朵长得太长便毫不客气的剪掉一点，看到孩子鼻子长得太高又毫不客气的剪掉一点，你该觉得这是一个什么人啊！你能忍心的坐在旁边让他剪吗？这样的刽子手是等在文化界的门口，一看见新的作品出来就给它几剪。从这把剪子的虎口里把新文化解放出来，是整个文化界不可推诿的责任。

（九）怎样取得文化解放。

中国从前有一样东西叫做裹脚布，把姑娘们的脚紧紧的裹，裹得肉烂骨头断，裹成一双三寸金莲，好嫁一个好人家。我想和这裹脚布相配的还有一样东西，叫做裹头布，把中国的小孩、青年、大众的头脑壳，紧紧的裹，裹得呆头呆脑，裹成一个三寸金头，好做一个文化奴隶，这裹头布便是加在大众头上的一切文化的压迫。不愿做文化奴隶的人联合起来，争取大众文化之解放！前进的知识分子在推进大众文化上固然能起重要的作用，但是大众文化运动决不能由少数知识分子代办。大众文化是大众的文化，是大众为自己推动的文化，是大众为自己谋幸福除痛苦而推动的文化。大众文化的解放是要大众运用集体的力量来争取的。它决不是小众可以送来的礼物。并且民族解放、大众解放、文化解放是一个分不开的运动。必得要联起来看，联起来想，联起来干，才会看得清楚，想得透彻，干得成功。

八、大众歌曲与大众唱歌团

什么是大众歌曲？

大众的歌曲是大众的心灵的呼声。它是用深刻的节奏喊出大众最迫切之内心的要求。少数天才之创作必定是符合了这个条件，才为大众所欢迎而成为大众的音乐和大众的诗歌。大众的歌曲是要唱出大众的心中事，从大众的心里唱出来，再唱进大众的心里去。它来，是从大众的心里来；它去，是到大众的心里去。

那少数的音乐和文学天才怎么会知道大众的心事呢？他们如果老是坐在沙发椅上享现成福，那是永久不会知道的。可是，他们也无须学孙悟空要钻进人家肚皮里才知道人家肚皮里的事。他们只须站在大众的战线上来做斗士，便能感觉大众的艰难，了解大众的需要，说大众要说的话语，唱大众要唱的歌曲。一个脱离了大众生活的天才决写不出大众的歌曲来。因此，大众的歌曲可以说是大众运用天才写起来的，简直可以说，是大众共同创造起来的。

民众歌咏团之伟大。

刘良模先生所创的民众歌咏团是大众音乐以最正确的形式表现出来的。这种歌咏团现在在中国各大都会里都有了组织。最初在上海我曾经听过一次二三百人的合唱，他们是预备到高桥去唱给乡下人听。近来看《永生》，又知道他们一团七百人，于六月七日在上海西门公共体育场合唱给五千人听。会场中曾有警察干涉，但是听啊，“中国人连中国歌都不能唱了吗？”这个五千人的吼声是使警察不好再说话。最近六月二十日夜里，香港民众歌咏团团员四百人在青年会体育场上对三千民众合唱，把民族自救的声浪打到每一个听众的心里去。我这次也是听众之一，亲自感觉到这个运动的前途的伟大。

为什么在这个时候产生？

民众歌咏团为什么在这个时候出现？从前为什么没有这样活动？我可以说像民众歌咏团这种组织，不是偶然可以产生的。比如一神花，它是原来有生命，但是气候未到，它是开不出花来；气候已到，它便自然而然的开出美丽的花了。音乐是大众心灵的呼声。大众欢喜唱歌，那是无可怀疑的。每一个大众的心灵里都潜伏着音乐的种子。但是在那伟大的音乐气候未到以前，他们只能唱几套小调儿过过瘾，表现不出很大的力量。这好比是一种子在地下吸收一些潮湿时所发出的低微的声音。现在是伟大的时代的前夜，大众是预备开口了。春天到了，你能叫桃花不开吗？夏天到了，你能叫荷花不开吗？秋天到了，你能叫菊花不开吗？冬天到了，你能叫梅花不开吗？大众的时代到了，你能叫大众的口不开吗？

因为日本帝国主义不断的侵略，中国是遇了空前的大灾难。中国大众不肯亡国做奴隶。中国大众要追求自由，追求平等，追求生存。中国大众要为自由而战，为平等而战，为生存而战。

世界上最伟大的音乐是战斗的音乐，最伟大的文学是战斗的诗歌。中国是在发动一个空前的民族解放的伟大战斗，在这个时候，是自然而然的会跑出最伟大的战斗的音乐与战斗的诗歌。

战斗的音乐与战斗的诗歌之外，次有力而也含有普遍性的是恋爱的音乐与恋爱的诗歌。恋爱的音乐与恋爱的诗歌在古时与野蛮社会里也是大众的集体活动。在择配结婚的时候，一群一群的青年男女奏着恋爱的乐，唱着恋爱的歌，跳着恋爱的舞。但是在开化的国度里，这种集体的欢会是失掉了，恋爱变作个人的事，恋乐恋歌都变成靡靡之音而为大众集体生活所丢弃。但是仔细考察起来，恋爱是性之战斗，也是战斗的一种。恋歌恋乐未尝不可以和战歌战乐相通。假使把革命与恋爱打成一片，使恋爱受着革命的领导，那么武装的恋歌恋乐也可以成为伟大的作品而为大众所欣赏。

其次就是工歌。工歌也是战歌的一种。它是与自然界和剥削者战斗之呼声。武装的工歌当然是有它的伟大，也当然是大众喜欢吃的家常便饭。

受着时代的伟大的感动，音乐的天才自然会创作大众高兴唱高兴听的音乐；文学的天才自然会写出大众高兴听高兴唱的歌词。从前有人写一首歌要找人做个谱很难，有人做一个谱要找人填一首词，也很难，勉强配合起来，好比旧式结婚，总难中意。有时，弄出绝大的笑话，开学歌配上出丧的音乐。其实，它们不但是不相配，而且是音乐不成音乐，歌词不成歌词。现在却不同了。一首前进的歌，要一位前进的音乐家做个谱，他的谱就恰到好处。一个前进的谱要一位文学家填一首词，他一填就填到天衣无缝。而且唱起来，大众都兴奋。这是因为什么缘故呢？因为制谱者、做歌者、唱者、听者都是遇着同一的大灾难，发生同一的大觉悟，参加同一的大战斗，是必然的唱出同一的大和声。

我所说的音乐天才和文学天才并不是超人的天才。有音乐的天才而实际上不是一个与大众站在一条战线上和大灾难拼命的斗士，他写不出感动大众的乐谱。有文学的天才而实际上不是与大众站在一条战线上和大灾难拼命的斗士，也写不出感动大众的歌词。现在能写大众的歌词的人是比较的多，能写大众的乐谱的人还很少。聂耳先生之死是中国大众音乐的一个最大的损失，几乎是等于音乐之国里失掉一个东北，东北可以收回，聂耳不能复活，这是一件令人伤心的事啊。中国有音乐天才的人数本来也有一些，多数到现在还是站在大众战线之外，享受个人的自由幸福。这些朋友到现在还写不出一件为大众欢迎的作品，这不是很可惜吗？但是我相信，只要他们一加入大众的队伍和民族的大灾难开始拼命，就不啻是聂耳先生一个又一个的复活了。

然而聂耳先生给我们的音乐遗产已经是很可宝贵了。我们的劳苦大众自己创造的山歌也不错。还有好些前进的文学家所写给大众的词也值得感谢。这些人都是把他自己的生命放在大众的战斗里，才把他们的天才发挥出来，写成大众的音乐，大众的诗歌，使大众有东西唱，兴高采烈的唱了又要唱。

大众唱歌之前途。

民众歌咏团已往的成绩是值得赞美，以后的前途是更加伟大。现在就我所想到的提出几点意见，供这运动的同志做参考，同时，希望大家指教。

（一）改个名字名字。要符合大众语。歌咏的咏字不很通俗。我提议把它改为大众唱歌团。

（二）越多越好。从前韩信将兵多多益善，大众唱歌团的团员和大众是越多越好。少则要做到一千人唱，一万人学；多也不妨一万人唱，十万人学。旧世界只有小巧之美。那大量之美是一个新的观念。我希望大众唱歌能给这“大量之美”或“集体之美”一个深刻而具体的印象。

（三）大众开口。大众到会场上来不是听，乃是学；不是学，乃是学唱。我们只有唱众，没有听众。起首虽是听众，当场变做唱众，这样才能更充分的发挥大众的力量。一群哑巴的大众有什么精神呢？

（四）选歌标准。大众唱歌团所选的歌是要有标准。一要意识前进；二要歌谱有精神；三要歌词不违背大众语。香港民众歌咏团所选的歌曲里就有一两首用文言歌词的，大众唱着调子而不懂得里面的意思，效用是未免要减少些。

（五）到源头上去找。有些不懂事的人把人家的歌曲乱改或是不小心的抄错印错。所以选歌要在源头上去找材料。比如锄头歌的第四段是“革命的成功靠锄头，锄头锄头要奋斗。”香港的选本是根据一个改错的本子成了“肩着了锄头要奋斗”，这歌的原意是以锄头代表农人。它是招呼农人要奋斗，并不是叫农人拿着锄头去奋斗。这个选本又把最重要的一首丢掉。这首歌末尾还有一段：“光棍的锄头不中用，联合机器来革命。”倘使这一段丢掉，锄头歌之所以赶得上时代的精神，最要紧的还是后头这一段。这如何可以把它丢掉呢？再么，香港唱的调子是改得与原来的不一样。词不可乱改，谱是多年民众精神的结晶，更不可以乱改。百代公司出了一张小先生唱的锄头舞歌唱片，是根据原来的山歌的调子收音的，可以做参考。我的主要的意思只是希望大家要谨慎的去找材料，不要轻易的改人家的作品。如果要改，也得先和作者商量，倘若真正青出于蓝而胜于蓝，那是谁也愿意接受的。

（六）追求歌词的意义。在小组练习的时候，每首歌的意思都要讨论清楚。这种讨论会自然的联系到时事的讨论，并引起人家去看前进杂志报章之兴趣。

（七）引起识字的趣味。因为欢喜唱歌就对于歌里的文字发生趣味。我们如果抓住这种机会运用传递先生或小先生的法子教人识字读书，再使认字读书与民族解放联系起来，也是很有益处的。

（八）继续不断的办照。民众歌咏团的办法，每一工厂，每一店铺，每一家庭，每一学校或每一集团，只要有十人以上就可派人去教。这是一个顶好的办法。这种组织应当成为永久的自求长进的组织。因为新的歌曲是川流不息的出来，我们怎么可以中途而废呢？我们要继续唱，唱到中国独立、平等、自由了才许它告一段落。

（九）军歌要换。我们二百万军队是需要前进的歌曲。不幸得很，他们还是唱着没有多大意思而很难听的老军歌。一个个的军队都应该成为一个大众唱歌团。至少要采用大众唱歌之集体合唱方法，去唱民族解放之战歌。

（十）大众唱歌团下乡。乡下人是欢喜唱歌。暑假、寒假、星期假，大众唱歌团团员应当下乡训练农民大众唱歌，并组织乡村大众唱歌团。乡下的教师如有会音乐的，应当即刻着手提倡乡村大众唱歌团，随时来它一个联村大合唱。

（十一）告音乐天才。有音乐天才的朋友不要把自己的天才在靡靡之音上浪费掉。你们要站在民族的联合战线上来，替大众写乐谱。

（十二）告文学天才。有文学天才的朋友再不要为文学而写文学，也应该加入大众的队伍里来为大众写歌词。

（十三）别抄袭。不要梦想把欧、美现成的歌谱拿来填词。我们现在所需要的是半殖民地反抗日本帝国主义的调子，这个调子在欧、美的乐谱里是没有的。它是要我们大众队伍里的天才在中国的土壤气候里扶养出来。

（十四）防止麻醉。唱歌是最能启发人的心灵也是最厉害的迷魂汤。从前的宗教家和现在的法西斯都用唱歌来麻醉人。那个德国的福井范格勒便是用音乐代替纳粹党去麻醉大众的所谓音乐家。美国大众上月听说他要到纽约来做乐队总指挥，大众都起来抵制，不听他所指挥的音乐，乐队里的队员也表示不愿接受他的指挥。一个麻醉人的音乐家是这样受大众的鄙弃，我们看了这件事，是格外明白大众音乐所应该走的路。在我们提倡用大众歌曲来唤起大众的时候，说不定有人也想用假的大众歌曲来叫大家再睡睡，睡到亡国再起来。我们要一致留心这种麻醉的策略，先给它打一支预防针。大众的时代快来到。小众的靡靡之音应该走开。麻醉大众的歌曲是格外应该走开。但空言是无济于事的。只要真正的大众歌曲继续不断的创造起来，便如白日中天，什么微生物也要消灭了，让我们努力创造吧！

九、大众的文字

中国已经到了生死关头，我们必须教育大众组织起来解决国难。但是这教育大众的工作，一开始就遇着一个绝大的难关。这个难关就是方块汉字。方块汉字难认难写难学。每一个人必得花费几年工夫几十几百块钱才学得一点皮毛。一个每天做十二三点钟苦工的大众是没有这些空闲时间，也花不起这许多钱来玩这套把戏的。手头字简字是方块汉字的化身不是根本的解决。

注音字母是为方块汉字注音的工具，不过是方块汉字的附属品。国语罗马字崇奉北平话为国语，名为提倡国语统一，实际上是来它一个北平话独裁。在有闲有钱的人看来，学了一口北平话再用罗马字母读读写写，是不费什么事。但是叫一个上海的、福州的或广州的苦人同时学北平话又学罗马字，那几乎是和学外国话一样的难。国语罗马字又注重声调的符号，把初学的人弄得头昏脑黑。简单的说，中国大众所需要的新文字是拼音的新文字，是没有四声符号麻烦的新文字，是解脱一个地方语的独裁的新文字。这种新文字，现在是已经出现了。当初是在海参崴的华侨制造了拉丁化新文字，实验结果很好。他们的经验学理的结晶便是北方话新文字方案。但是我们不要误会，海参崴的华侨也是中国人。所以这个方案虽是在外国产生，但还是中国人的作品，是和别的中国留学生华侨的作品一样的不容歧视。现在上海话新文字方案也已经由上海的专家造成发表出来，征求大家的批评。厦门和客家话方案已经编成正在这儿审查。广州、福州、徽州各处方案也正在编制。这些工作是由中国新文字研究会主持进行。

根据上海话新文字方案实验结果，平常人每天费一小时只须半个月工夫，即可写新文字的信，看新文字的报，读新文字的书。聪明些的人两个星期就行；笨一点的人，只须一个月，成绩也不错了。每人所花的，只要三分钱。义务教育培养一个小孩每年平均要花八块九毛钱。民众教育培养一个成人要花一块八毛钱。上海一带运用小先生教汉字每人也要花三毛钱，三万万人的普及最粗浅的初步汉字教育至少就得九千万元。去年教育部筹款办义务教育，努尽了力只筹得三百多万，相差是太大了。倘若推行新文字，每人三分钱，连黄包车夫也出得起。所以就时间金钱两方面来看，新文字是普及大众教育的最经济的文字工具。

有人怕各地方言新文字起来之后会阻碍中国统一。我们详细的把它考察一下，知道这是一种过虑。第一，中国各地方言之不同，不像我们平常所想的那样厉害。因为国内各地方言是汉话与各处土话互相同化克服的结果。它们的不同是有规律的。我们只须把它们彼此不同的规律指出来，大部分是很容易相通的。第二，汉字在名义上是中国统一的文字，但是认得汉字的只是少数人，而多数人是没有文字的。多数人没有文字，除了谈话之外，便不能彼此相通，也不能与认识汉字的小众相通。如果各区的方言新文字传给了各该区的大众，那么区以内的大众便可以彼此相通；该区的知识分子精通几区新文字，甚至于几国文字的总能找出好几位来，搭一个桥，使各区的大众彼此相通并与全国的知识分子相通，与现代世界文化相通。各区的小事只用本区的新文字记载，至于关系国家的大事都可以由知识分子翻译广播出去。所谓知识分子并不限定是高等华人。大众得了新文字的培养，也必然会在自己的队伍里产生出知识分子，并且运用各区新文字对照的读物，也可以把自己造成沟通各区文化的铁桥。这样一来，新文字不但不至于阻碍中国的统一，而且有力量促进文化的沟通，帮助中国的统一。第三，我们所需要的统一不是抽象的统一，不是幻想的统一，不是制造的统一，而是从实际生活酝酿出来的统一。我们所要的是各区不同生活的血脉流通，而不是勉强各区过同一的生活，说同一的话语，写同一的文字。同一文字的范围是跟着同一生活需要而扩大，决不可以心急。提倡国语的先生们往往幻想出一个公共的需要来推进北平话。他们说："到了需要的公共场合就自然非学国语不可。"我们知道这个公共场合是幻想起来的。在上海大众的公共场合是要用上海话才来得有效。同样的，福州大众的公共场合要用福州话，广州大众的公共场合要用广州话，否则，你就得请人翻译，或者是听众听不懂，等于没有说。可见这"公共场合"四个字只适用于少数的知识分子，只适用于有钱有闲学它几年北平话的小众。要想把小众的公共场合的需要当作大众的公共场合的需要，勉强的要把它们赶快统一起来，并且把这种统一看成天经地义，这只是提倡者的偏爱的幻想。拥护汉字统一的先生们对于这同样的幻想更是强烈的很。这种幻想，自然用不着新文字来阻碍它，就会叫他们失望。第四，现在中国是遇着空前的国难，只有大家一齐起来抵抗，才有生路。中国文化界现阶段最重要的工作是普及民族自救的教育，我们要动员一切工具来进行这个工作。但是在选择工具的时候，我们是必得指出新文字的特大效力。文字好比是交通媒介。汉字好比是独轮车。国语罗马字好比是火轮船。新文字好比是飞机。坐上新文字的飞机里传布民族自救的教育的时候，就可以知道新文字是不但不阻碍中国统一，而且确有力量帮助唤起大众挽救我们的垂危的祖国。

照以上观点看来，我们觉得这种新文字是值得向全国介绍了，我们深望大家一齐来研究它，推行它，使它成为大众文化和民族解放运动的重要工具。以下是我们所要建议的具体办法：

（一）每一个方言的新文字方案成立后，我们首先要根据这方案编辑最廉价的课本、指导书。

（二）课本编成后即着手运用各级学校：民众学校、识字学校、夜学校、补习学校、讲习会培养新文字教师，凡学会新文字的人都有教人的义务。

（三）为着要使学过新文字的人继续学习起见，我们要出：高级课本、报纸、杂志、小说、诗歌、各科小丛书、新文字连环画、新文字字典、北方话与其他方言对照读物。

（四）根据新文字方案创制新文字速写并创制新文字打字机。

（五）对于用汉字编印的书报，我们主张：

（甲）文字大众化。

（乙）横排。

（丙）采用新文字报头。

（丁）新文字汉字对照的读物另辟一栏。

（六）除了现在已经发表的北方话与上海话新文字方案之外，我们要继续进行其他各区及少数民族方言的调查，以着手其他各区及少数民族方案之建立。

十、怎样写大众文

我们要知道怎样写大众文，先要知道白话文的毛病在那儿。

白话文，
教人聋；
读起来，
听不懂。

谁听不懂？大众听不懂。它写的不是大众的事，所以听不懂。它写的语句不合大众说话的口气，所以听不懂。因为听不懂，也就看不懂。白话文不但大众听不懂，就是读书人也很难听得懂。

我们知道了白话文失败的原因，就可以明白大众文应该怎样的写法。大众文应该写大众需要知道的事。大众文应当照大众说话的口气写。

我们的眼睛看惯了古文、白话文，容易引我们走错路，比较起来，还是耳朵靠得住。我们的耳朵是和大众接近些。所以写大众文的一个好方法是请我们的耳朵出来指导我们。凡是耳朵听得懂，高兴听的才把它写下来。

根据大众语，
来写大众文。
文章和说话，
不能随便分。
一面动笔写，
一面用嘴哼。
好听不好听，
耳朵做先生。

这位先生，人人随身带着，很方便。只要我们肯虚心问它，它总是愿意指教我们的。大家还要记着，它是一个钱学费也不要。

从前有一个人家床上生臭虫，懒得捉，越弄越多，正愁着没得办法，看见报上广告说到一家药材铺有臭虫药出卖，他欢喜极了，连忙去买，花了三个铜板，得了一个白纸包，回家打开一看，没有药，只有一小块纸上面写着一个字：“捉！”

有些人看见商务印书馆的《出版周刊》说编的《老少通千字课》是根据大众语写的，就来问我大众文是怎样写法，我也学那药材铺的榜样送他一个纸包，里面写的是：“请你的耳朵教你，我们的耳朵虽是顶方便的先生，但不是顶靠得住的先生。因为我们听得懂的文章，大众有时听不懂，所以顶靠得住的先生是大众的耳朵。工人、农人、车夫、老妈子、小孩子的耳朵都靠得住。你做好一篇文章，读给他们听听，如果他们听不懂，你要努力的修改，改到他们听懂了，才算写成大众文。小众听得懂，而大众听不懂的文章，决不能冒充大众文。好的大众文还要大众高兴听。如果小众高兴听而大众不高兴听，决不能算为好的大众文。

文章好不好，
要问老妈子。
老妈高兴听，
可以卖稿子。
老妈听不懂，
就算是废纸。
废纸那个要？
送给书呆子。

我们要想写大众文，把大众文写得好，必定要请大众的耳朵做我们的先生。上面的两首诗是一位工人学生张妹给我改的。在耳朵先生的一篇里中间一段，原来的稿子写的是：

语文要合一，
不能随便分；
笔儿没有动，
先用嘴儿哼。

我自己的耳朵是给它及格了，但是大众的耳朵听不懂。我得到张妹的帮助才改成：

文章和说话，
不能随便分；
一面动笔写，
一面用嘴哼。

老妈子一首的末尾两句，原来写的是：

废纸有谁要，
只有书呆子。

也是因为张妹的耳朵的帮助，我才改成：

废纸那个要？

送给书呆子。

看了上面所举的两个例子，我们确信大众的耳朵纠正我们的地方，是十分重要的。

十一、大众画报

识字运动展开了，普及教育的呼声是得到全国的响应了，读完《千字课》的成人儿童是一天比一天多了，“我们再读什么？”“我们有什么报可以看？”这是大众时常问的两个问题。第一个问题是比较容易答复，因为几家大书局里都出了高级民众用读本及民众用丛书，尽可选择介绍；但是第二个问题就把我们难倒了，有什么报可以给粗识字义的大众看？大报写的是文言，又无标点符号，依大众看来，真是漆黑一团，除了知识分子及中等以上的商人谁也不懂。小报、周刊、半月刊多数是用白话文写，也有标点符号，但因西化语法太多，大众也不能看得十分明白。画报是有资格受大众欢迎的，但是有些画报，编排复杂，说明难寻，有时也是文绉绉的，使得大众只是看画而不知道画中的意义，并且价钱太贵，一般大众决不能把两天的饭钱省下来买一份画报看。

大家要看报，而中国现在是没有一个报能给大众看得懂。因此，我想向作家及出版界提出一个建议：

“编辑出版一种真正的大众画报。”

这种大众画报采取日报、三日报、周报、半月报、月报，都有需要，但应当符合下列五种条件：

（一）灌输现代知识，培养前进思想；

（二）用大众语写，要趣味胜过正经；

（三）用连环图画写，要图画多于文字；

（四）编排清楚；

（五）价钱便宜。

如果能合上面所说的五种条件，这种画报必可成为普及教育的一种最重要的工具。大众得了它必是如同大旱得了大雨一样的快乐。我是天天望着这样有意义的画报出现啊！

十二、大众的流通图书馆

流通图书馆的意义只要看一看它的名字就能明白一个大概。从藏书到看书，从看书到借书出去看，这过程是代表了图书馆发展之三阶段，也就代表了普及教育发展之三步骤。让人借书出去看是流通图书馆的特性。但是借给谁看，怎样借法是成了问题。这些问题如果不弄明白，则流通图书馆不免要做成知识分子及有暇阶级的高等听差，负不起普及教育之使命。

（一）借给谁看？对于这个问题，我毫不迟疑地说：“借给大众看。”识字的借深一点的给他们看。不识字的借图画书给他们看。图画书不够用就赶紧的要求作者和书店赶紧的编。流通图书馆的对象是大众，它必须为劳苦大众充分的服务，才算是一个真正的流通图书馆。

（二）怎样借法？现在穷人借书最大的困难有两点：一是没有钱，二是空闲少，我们必须根据这两点来修改借书手续。平常流通图书馆要保证金，少则五毛，多则一元二元，只是这个条件，已经把穷光蛋赶到门外去了。我提议只要介绍人，不要保证金。有些图书馆还要借书人亲自来借，这在有闲的少爷小姐看来并没有多大困难，但一天忙到晚的大众就觉得为难，这当然要允许别人代借。干这件事最觉得便利的那是无过于小先生了。小先生代替学生借书是一件应当鼓励的事。

现在各省市提倡识字运动，成千成万的大众继续不断的加入到读书的队伍里来。“那里找书看”是成了一个迫切的问题。若不赶紧提倡流通图书馆，这些人将因没有继续读书的机会而把从前读过的书都荒疏了。我心目中的流通图书馆是小规模的。它在拯救文化饥荒的地位看来是一个小饭馆。这种文化小饭馆要普遍的设起来：一镇一个，一村一个，一街一个，一弄堂一个！当然，一县、一市、一乡设一较大规模之流通图书馆，更能收指导沟通之效。

但我所怕的是有了高级的流通图书馆，就忘了低级的流通图书馆，最合理的办法是敷设流通图书馆。但与其等待大规模的敷设，不如从小做起。花一二十块钱办一个弄堂或乡村流通图书馆是轻而易举。这是每一位热心提高大众文化水准的人都能做得到的一件事。这样的小小流通图书馆，大众自己就能约几个人凑几块钱办它一个。如果有这样的流通图书馆产生，那是更有意义了。

——1936 年

生活教育之特质

你如果看过狸猫换太子那出戏，一定还记得那里面有一件最有趣的事情，就是出现了两个包龙图，一个是真的，还有一个是假的。我们仔细想想，是越想越觉得有趣了。世界上无论什么事，都好像是有两个包龙图。就拿教育来说罢，你立刻可以看出两种不同的教育：一种叫做传统教育；另一种叫做生活教育。又拿生活教育来说吧，你又可以发现两种不同的说法：一种主张“教育即生活”；另一种是主张“生活即教育”。我现在想把生活教育的特质指出来，目的不但要使大家知道生活教育与传统教育之不同，并且要使大家知道把假的生活教育和真的生活教育分别出来。

（一）生活的生活教育的第一个特点是生活的。传统的学校要收学费，要有闲工夫去学，要有名人阔老介绍才能进去。有钱、有闲、有面子才有书念。那么无钱、无闲、无面子的人又怎么办呢？听天由命吗？等待黄金时代从天空落下来吗？不！我们要从生活的斗争里钻出真理来。我们钻进去越深，越觉得生活的变化便是教育的变化。生活与生活一摩擦便立刻起教育的作用。摩擦者与被摩擦者都起了变化，便都受了教育。有人说，这是“生活”与“教育”的对立，便是“生活”与“教育”的摩擦。我以为教育只是生活反映出来的影子，不能有摩擦的作用。比如一块石头从山上滚下来，碰着一块石头，就立刻发出火花。倘若它只碰着一块石头的影子，那是不会发出火花的。说得正确些，是受过某种教育的生活与没有受过某种教育的生活，摩擦起来，便发出生活的火花，即教育的火花，发出生活的变化，即教育的变化。

（二）行动的生活与生活摩擦，便包含了行动的主导地位。如果行动不在生活中取得主导的地位，那么，传统教育者就可以拿“读书的生活便是读书的教育”来做他们掩护的盾牌了。行动既是主导的生活，那么，只有“为行动而读书，在行动上读书”才可说得通。我们还得追本推源的问：书是从哪里来的？书里的真知识是从哪里来的？我们是毫不迟疑的回答说：行是知之始，即行即知，书和书中的知识都是著书人从行动中得来的。我要声明著书人和注书人抄书人是有分别。人类和个人的知识的妈妈都是行动。行动产生理论，发展理论。行动所产生发展的理论，还是为的要指导行动引着整个生活冲入更高的境界。为了争取生活之满足与存在，这行动必须是有理论、有组织、有计划的战斗的行动。

（三）大众的少爷小姐有的是钱，大可以为读书而读书，这叫做小众教育；大众只可以在生活里找教育，为生活而教育。当大众没有解放之前，生活斗争是大众唯一的教育。并且孤立的去干生活教育是不可能的，大众要联合起来才有生活可过，即要联合起来，才有教育可受。从真正的生活教育看来，大众都是先生，大众都是同学，大众都是学生。教学做合一，即知即传，是大众的生活法，即是大众的教育法。总说一句，生活教育是大众的教育，大众自己办的教育，大众为生活解放而办的教育。

（四）前进的有人说，生活既是教育，那么，自古以来，便有生活即有教育，又何必要我们去办教育呢？他这句话，分析是对的，断语是错的。我们承认自古以来便有生活即有教育。但同在一个社会里，有的人是过着前进的生活，有的人是过着落后的生活。我们要用前进的生活来引导落后的生活，要大家一起来过前进的生活，受前进的教育。前进的意识要通过生活才算是教人真正的向前去。

（五）世界的课堂里既不许生活进去，又收不下广大的大众，又不许人动一动，又只许人向后退，不许人向前进，那么，我们只好承认社会是我们唯一的学校了。马路、弄堂、乡村、工厂、店铺、监牢、战场，凡是生活的场所，都是我们教育自己的场所，那么，我们所失掉的是鸟笼，而所得的倒是伟大无比的森林了。为着要过有意义的生活，我们的生活力是必然的冲开校门，冲开村门，冲开城门，冲开国门，冲开无论什么自私自利的人所造的铁门。所以整个中华民国和整个世界，才是我们真正的学校咧。

（六）有历史联系的这里应该从两方面来说。第一，人类从几千年生活斗争中所得到，而留下来的宝贵的历史教训，我们必须用选择的态度来接受。但是我们要留心，千万不可为读历史而读历史。我们必须把历史的教训，和个人或集团的生活联系起来。历史教训必须通过现生活，从现生活中滤下来，才有指导生活的作用。这样经生活滤过的历史教训，可以使我们的生活倍上加倍的丰富起来。倘使一个人停留在自我或少数同伴的生活上，而拒绝广大人类的历史教训，那便是懒惰不长进，跌在狭义的经验论的泥沟里，甘心情愿的做一只小泥鳅。第二，中国已经到了生死关头，争取大众解放的生活教育，自有它应负的历史的使命。为着要争取大众解放，它必须争取中华民族的解放。为着要争取中华民族的解放，它必须教育大众联合起来解决国难。因此，推进大众文化以保卫中华民国领土主权之完整，而争取中华民族之自由平等，是成了每一个生活教育同志，当前所不可推却的天职了。

——1936年3月16日《生活教育》第三卷第二期

生活教育目前的任务

这几天在桂林的同志们，得有机会，聚在一块，检讨生活教育之理论与实践，各人都有一些收获。我从前为一位朋友题过三句话：检讨过去，把握现在，创造将来。我们为什么要检讨，把握一切都为创造。我们要常常检讨，紧紧把握，天天创造，积小创造而为大创造。

生活教育之定义在晓庄开学前九年，我已提出，包含三部分：一是生活之教育；二是以生活影响生活之教育；三是为着应济生活需要而办之教育。用英文译出来，比较简单：life education means an education of life by life and for life。关于第一部分和第三部分，洞若同志说得很清楚，对于第二部分我想补充几句。“以生活影响生活”是怎样讲呢？我们要拿好的生活来改造坏的生活，拿前进的生活来引导落后的生活。针对着现在说，我们要拿抗战的生活来克服妥协的生活。

在抗战建国这一伟大时代中，生活教育者有什么任务有什么贡献，我想简单的说一说。

我们有四种任务：一、力求长进，把自己的集团变成抗战建国的真力量；二、影响整个教育界共同求进，帮助整个教育界都变成抗战建国的真力量；三、参加在普及抗战建国的生活教育的大运动里面，帮助全民族都变成抗战建国的真力量；四、参加在普及反侵略的生活教育的大运动里面，帮助全人类都变成反侵略的真力量。

我们的理论，在战时，更显出它的优点。现在说它的可能的贡献。

一、我们认识教育只是民族大众人类解放之工具。当日本帝国主义危害我们生存的关头，生活教育者每上一课自必要问：这一课对于抗战能有多少帮助？为教育而办教育的人是不容易发出这样的疑问。

二、我们认识生活之变化才是教育之变化，便自然而然的要求真正的抗战教育，必须通过抗战生活。抗战演讲、宣传，若不通过抗战生活，我们不会承认它是真正的抗战教育。

三、我们认识社会即学校，便不会专在后方流连。我们立刻会联想到前方，联想到敌人的后方。即使在后方办学校也必然的要想到，如何把教育的力量输送到前方和沦陷区域里面去。

四、我们认识人民集中的地方便是教育应到的地方，便毫不迟疑的注意到伤兵医院、难民收容所、壮丁训练处、防空壕与山洞里的教育而想去解决它。

五、我们认识集团的生活的力量大于个人的生活的力量，即认识集团的教育力量大于个人的教育力量，便毫不迟疑的帮助我们的学生团结起来，让他们自己管自己，从前的工学团和战时的集体主义的自我教育都是要贯彻这个意思。

六、我们认识“生活影响生活”以及人人都能即知即传，故不但顾到成人青年而且顾到老年人与小孩子，整个民族不分男女老少都必然的要他们在炮火中发出力量来。义勇军之母赵洪文国老太太及台儿庄的小孩唱歌感化小汉奸为小战士，都是印证生活教育理论颠扑不灭的铁证。

七、我们认识教学做合一及在劳力上劳心为最有效之生活法亦即最有效之教育法，便自然以行动为中心而不致陷落在虚空里面。如果抗战建国是要真正的干出来，那么生活教育的理论便要求为干而看，为干而谈，为干而玩，为干而想。

八、我们认识到处可以生活即到处可以办教育。当平时学校被炸，先生散了，学生散了，学校也跟着散了。生活教育者的学校是炸不散的，如果可以炸散，除非是先生学生一起炸死。只要有几个存在，不久归起队又是一个学校了。孩子剧团、新安旅行团便是炸不散的学校。平常的学校只要采取生活教育这一点点办法，那千千万万倒闭的学校都可以复活了。这几次的集会使我们大家对于生活教育理论有了更亲切的了解，更热烈的信仰。这了解与信仰是会发生不可思议的力量。我相信生活教育必定能够发出伟大的力量帮助打倒日本帝国主义，帮助创造一个自由平等的新中国，并且帮助创造一个和平互助的新世界。

——1939 年 1 月 10 日《战时教育》第三卷第十期

告生活教育社同志书

——为生活教育运动十二周年纪念而作

我所敬爱的同志们！

三月十五日是一个值得纪念的日子。每年到了这个日子大家都有许多意见想交换。我回国以来，忙于建立新事业，只有少数同志曾经通信，而且也因为时间关系，没有畅快的写。在这半年当中也曾走过不少的地方，但是会见的同志，究竟不多。现在想乘这十二周年纪念的日子，把心里想说的话，尽量的说出来，希望大家指教，并希望大家也将别后的一切尽量告诉我，使我对于各人的工作有更深切的了解。让我们就在这种了解中建立我们共同的信念以发挥我们的力量。

我们在这大时代中遇着了，而且是继续不断的共同奋斗，这是多么幸福啊。有些人却不是这样看法。去年八月中归船到印度，一位留学的太太对我说："这次我们回到中国，是和出国的时候大不同了。学校没有了，工厂没有了，家庭没有了，亲戚朋友都流离失所了，先生也不免有些伤感罢？”我说：“在国内我们可能看见的也许比你所说的要惨十倍一百倍，但是我毫无伤感。它的确是一个大不同的中国了。有拳头了，站起来了。不错，它是在大量的流血。但是如同一位母亲生孩子一样，流血的结果是新生命之产生。我们在中国所看见的血，不再是自相残杀的血，而是和日本帝国主义拼命的血。在这伟大的血的洪流里将要浮出来一个伟大的自由平等的中华民国。”记得五三惨案纪念日在晓庄寅会里我曾说过：“晓庄所办教育如果不能帮助中国把日本帝国主义打出去，便算是失败。”我们自始就认定大时代之来到，而且这大时代是要靠中国人和一切反侵略的战友的血汗创造出来的。

从上海、江苏、浙江、安徽、湖北、湖南、广东、广西、福建、四川、陕西、山西、河南、河北、贵州、甘肃、香港，安南、新加坡及欧美同志的来信，知道大家都在自己的岗位上把各人的力量贡献给中华民族。在后方，在前方，在海外，在敌人的后方大家都是很努力很切实的尽你们的责任。我们的人数不多，但几乎是总动员了。大家毫不吝啬的贡献各人的汗、血或脑汁。我不能否认也有很少数的同志是由认识不够而徘徊，落伍。但是大多数是在大时代的创造中，百折不回的发挥各人的小小的力量。有一封信，尤其使我不能忘记。它以“迎接困难”四个字作对我回国之勉励。我以为这四个字是不应该独自欣赏而应该送给全体同志作座右铭。拿破仑说他的字典里没有“难”字，连侵略俄国也不难，所以一败涂地。汪精卫说他的字典里没有“易”字，怕抗日不易，所以动摇妥协。这都是矫枉过正之谈。其实，字典里有难字也有易字。我们对于困难，不可轻视，也不可害怕。这“迎接困难”四字恰恰把我们应该有的态度表现了出来。谁也不能否认，中国是在过难关。困难既是不断的来，那么，来一个，解决一个，来两个，解决一双。我们个个人都有了这“迎难”的精神，便更能负起我们的任务而发挥我们的贡献。

在这个值得纪念的日子，我的脑袋里浮出来一个最鲜明的印象是：一群青年丢掉了文凭的眷恋，从学府里跑到乡下去，和农人共生活。光阴过得很快。这已经是十二年前的罗曼斯了。这一群青年所带去的不是文化的赈济品，而是一颗虚心要探寻真正适合中国向前进取的教育。

……

当这些青年和农人接触之后，双方都有了惊奇的发现，青年们在学府里受教已久，手无缚鸡之力，只拿得动一支笔儿写几行字，他们下乡不多时，便发现自己也有手，可以做工，可以种田，可以实验，可以使枪杆。农人呢，在“民可使由之，不可使知之”的空气中生活了几千百年，久已被裹头布裹得不能思想。他们和青年知识分子接触之下，禁不住的要喊出来：“我们也有头脑啊！”青年发现了自己有双手，才能坐而言也能起而行。农人发现自己有头脑，才能由了解而信仰三民主义，并发挥出力量来以争取中国之自由平等。这种双手与头脑的重新发现是极重要的收获，应当在纪念的时候特别指出。

我们在这十二年当中干了些什么事？三件事，还没有做完。一是反洋化教育，二是反传统教育，三是在半殖民地半封建的国家建立争取自由平等之教育理论与方法。

（一）反洋化教育的用意并不是反对外来的知识。我们对于外洋输入的真知识是竭诚的欢迎。但是办学校一定要盖洋楼，说洋话，用洋书才算是真正的学校，那可不敢赞同。有些洋化教育家没有抽水的洋马桶是几乎拉不出屎。尤其是没有工业的生产而他们要工业的享受和花费。中国是个穷国，哪能禁得起这样的浪费。在这一方面浪费，在另一方面的教育便没有钱办了，结果是成了少数人的教育。

（二）反传统教育也不是反对固有的优点。我们对于中国固有之美德是竭诚的拥护。但是“满朝朱紫贵，尽是读书人”的升官教育，以及“为教书而教书，为读书而读书”的超然教育，我们都是反对的。至于一般老百姓，“出钱给人读死书，自己一个大字也不识”的现象尤其不能缄默。

（三）建立争取自由平等的教育原理方法。我们之所以反对洋化教育和传统教育是要开辟出一条大路，让这半殖民地争取自由平等的教育可以出来。从一个半殖民地半封建的国家变成一个自由、平等的民有、民治、民享的国家是要军事、政治、经济、教育几方面配合得好才能达到目的。教育方面必定要具备几种条件才能负起这样伟大的使命。（1）教育必须是战斗的，教育不是玩具，不是装饰品，不是升官发财的媒介。教育是一种武器，是民族人类解放的武器。（2）教育必须是生活的。一切教育必须通过生活才有效。抗战建国的生活才算是抗战建国的教育。（3）教育必须是科学的。这种教育是没有地方能抄袭得来的。我们必须运用科学的方法，根据客观情形继续不断的把它研究出来。而且，这种教育的内容也必须包含并着重自然科学与社会科学，否则不能前进。（4）教育必须是大众的。把一个半殖民地半封建的国家变成一个独立国绝不是少数人所能办得成功。我们必须教育大众一同起来负担这个伟大的使命。但是希望老百姓都得到这教育必须有三个条件：一要省钱，使无钱的老百姓可以受到教育；二要省时间，使没有空闲的老百姓也能求学；三要通俗，使没有受过教育的老百姓也能了解，而感兴趣。这样一来，若不运用“即知即传”的原则便不能达到老百姓都受教育的目的。而且老百姓所受的教育是要集体的施行。集体才是力量。个别的教还是一盘散沙，不能发挥出充分的力量。（5）教育必须是计划的。我们要有一个动的计划，使人力财力，都有一个缓急轻重的总分配。从半殖民地半封建到自由平等之境要有一个继续展开的教育计划，逐步的引导我们前进。

在这十二年当中，应客观环境的需要，我们是发动了四个教育运动：即乡村教育、普及教育、国难教育、战时教育。这四个运动只是一个运动的四个阶段，这一个运动便是生活教育运动，也可以说是从半殖民地半封建渡到自由平等的国家的教育运动。

现在要问：我们今后应该做什么？怎样做？

（一）继续已往的工作伟大的抗日战争已经把洋化教育、传统教育弄得站不住脚。新的教师在茅草棚和山洞里没有黑板粉笔也能办教育。这是多么可喜的现象啊！但是教死书，死教书，教书死的教书匠和读死书，死读书，读书死的蛀书虫还是很多，守知奴也没有完全变化过来。文化买办还在恋栈。学校内外的洋八股、老八股、文八股、武八股、宣传八股还没有肃清，文化痞块是长在都市。乡下是害了文化贫血症。缺课的要拼命的补。补课之后就得吃补药。穷苦的天才是被埋没。到现在还有人反对战时需要的战时教育。他们是藏在百年大计、基本学术的盾牌之下，时常发出违背民族生存之歪曲言论。我们要争取抗战的胜利，建国的成功，是必须把这些毛病改正过来。我们对于这些病症是不应该消极的批评而是要积极的帮助改正。

（二）负起当前的任务我们当前的任务是展开全面教育，以配合全面抗战而争取全面的最后胜利。我们要把教育展开到前方，展开到边疆，展开到敌后方，展开到华侨的所在地，展开到全世界凡是有敌人斗争的地方去。别人不愿意去而应该去的地方，我们都得分道扬镳的去。我们不应该把别人的力量小看了，连老太太、孩子们都是同阵的战士。我们也不应把自己的力量小看了，当一个小学教员不仅是三四十个学生的导师，倘使培养学生即知即传，是很容易的影响三四百人。他的地位的重要是好比一个作战的连长或营长。当一个小学校长，不仅是一两百学生的导师而是一两百户、一两千人的导师。他的地位的重要是好比一个作战的团长。当一个县教育局长，不仅是几百个学校、万把学生的导师，而是一个几十万民众的导师。他的地位是好比一个集团军的总司令，甚至是一个战区的司令长官。但是倘使你小看了自己的岗位，小看了别人的力量，小看了生活教育的即知即传、工学团等等原理，你便成了一只孤鸦，一个光棍，由渺小而悲观、徘徊、妥协，敌人一来是不堪设想。有许多人是把大事小做了。最重要的是我们要认清我们任务之重大。此外随身要带的还有两样东西：一是针线，二是灯笼。一件衣服破过了，是可以越破越撕，越撕越破，到后来是可以撕成粉碎。唯一的办法是遇着破绽便立刻用针线把它缝好。当这民族的生死关头，是不容有丝毫的裂痕，一遇破裂就把我们的针线拿出来。灯笼是照着人认清路线向前走，不只是照着自己而且是照着同行的人向前走，走入自由平等之境。

（三）加强我们的力量为着要继续已往的工作和负起当前的任务，我们必须增加自己的力量，否则是不能胜任的。第一，学术便是力量。我们要提高学术的研究。晓庄研究所之建立，便是希望对于抗战建国很重要而被忽略的问题，加以研究，以求解决而帮助增加抗战建国之力量。此外，我希望我们每一个同志都要抓着一个问题继续不断、百折不回的去研究它，不得到解决不止。同时，对于中国，对于敌国，对于世界也要努力取得正确的认识。我们所教的小孩的集团也要时时刻刻的求进。第二，组织便是力量。生活教育社已经成立，这是一个喜讯。季平同志说得好：生活教育社是一个教育界的大家庭。它是教育思想者的团体，又是教育运动者之团体，又是教育工作者之团体，又是培养教师的团体，又是一般人学习生活和知能的团体，又是一个共同生活体。他又说：它应该是大众化的，大家共同生活；它应该是工厂化的，大家分工合作；它应该是学校化的，大家互教共学。我对于这些话都同意，只是培养教师的团体要改为教师进修的团体，并且互教共学之下要加即知即传。传统学校化是不够的，我们必须即知即传才能跳出自己的小篱笆。其实，整个的生活教育社应该是一个大的工学团，办教育是我们的工；研究问题是我们的学；共同过有组织的生活是我们的团。我们自己的组织就必须民主化。不但总社要是民主化的组织，而且分社、共学服务团的组织都得民主化。第三，行动便是力量。我们要在抗战建国的行动上发挥我们的力量而且增加我们的力量。战时生活便是战时教育，我们要以行动的战时生活来增加我们的力量。

增加我们的力量是为着要争取最后之胜利。让我们大家把整个的生命献出来，帮助打倒日本帝国主义并创造我们的独立平等幸福的中华民国。

——1939 年 3 月 25 日《战时教育》第四卷第三期

我的民众教育观

民众教育是什么？民众教育是民众的教育，民众自己办的教育，为民众的最高利益而办的教育。换句话说：民众教育是给民众以教育，由民众来教育，为民众而教育。给民众以教育是用教育来动员民众。无论是征兵、征工、募捐、募寒衣，及一切需要民众做的事，强迫不如说服，命令不如志愿，被动不如自动。说服是教育的方法。志愿是教育的成果。自动是教育所启发的力量。所以教育是动员民众最可靠、最有效的武器。由民众来教育是用民众来动员教育。中国对教育是动员了四五十年，到如今中国教育还没有普遍的动起来。这是什么缘故？先生少，学生多。小众的力量不够大，推不动大众的教育。但是民众接受了知识即刻传递给别人，那就容易推动了。前进的民众来教育落后的民众，一起起来动员教育，那么教育就不能不普遍的动起来了。为民众而教育是为民众最高的利益而教育。民众最高的利益是什么呢？中国民众最高的利益，不消得说，是打倒日本帝国主义，建立一个自由平等幸福的中华民国，并和全世界反侵略之战友共同来创造一个合理公道互助的世界。所以由民众来动员教育，用教育来动员民众，以争取这最高之利益和最后之胜利，才可算是真正的民众教育。

民众教育之发展大概有三个阶段：第一个阶段是要民众。第二个阶段是要教育民众。第三个阶段是民众要教育。要民众是民众教育之基本条件。否则民众且不要，何况乎民众教育。可是单凭我们的主观或是小众的利益而办的民众教育，民众不一定接受，一直等到我们发现民众所以不接受这样“教育”的缘故，并且改变我们的方针、内容、方法，使所办民众教育适合民众的口味，然后民众才要教育。也要等候它办到民众未得它之先是如饥如渴的想念，既得它之后是向前向上的奋发，那时候民众教育才算是办得有几分谱子了。

中国以往的民众教育是害了三种病。一是偏枯病。它或是由于有意的放弃，或是由于无意的忽略，以致大部分的民众是不知、不能、不可、不敢跑进民众教育的圈里来。例如老年人、女人、工人、农人、流浪儿，绝大多数是被摈于民众教育之外。我没有篇幅一一举例，只谈一谈老年人吧。假使全国的老太太都能有机会受一点像岫岩县的赵老太太、修仁县的曾大娘、歇马乡的刘太太的教育，那么对于他们的从军的儿子是有多么大的鼓励啊！假使有一点真的教育配献给他们，那么，经过他们的广播，又是有何等扩大的影响啊！

然而一般民众教育者则忽视老人之重要，而口口声声地说，我们要赶快培养青年民众，老人家快要进棺材了，有什么用呢？因此，民众教育对于老年人则害了偏枯症，同样，它对于妇女、农人、工人、流浪儿都害了偏枯的症候。二是守株待兔病。民众教育者是坐在民众教育馆里等待民众来：来一个，教一个；来两个，教一双，很少主动的到老百姓的队伍里去找学生。那愿意把教育送上门去的更是凤毛麟角了。民众教育还有一个特有的病，那就是尾巴病。民众教育在已往是成了教育之尾巴，排列是尾巴，经费是尾巴尖。社会既以尾巴看待民众教育，民众教育亦不知不觉的以尾巴自居。反过来说，民众教育抬头，也可见民众之抬头。……

民众教育是一件大事不可小看，更不可小做。大县一二百万人，小县也一二十万人。一位民众教育馆长假使用民众来动员教育并用教育来动员民众，他和他的同志便能影响而唤起少则一二十万多则一二百万民众，个个知道为中华民国奋斗，愿意为中华民国奋斗，能够为中华民国奋斗，则中华民国自然会活到万万年了。大家要想民众教育抬头，要想中华民国抬头，是必得认清民众教育是一件大事，并且要把它当做一件大事来实践。

民众教育馆的“馆（舘）”字引起了我的注意。馆字从官从舍，官舍是官住的地方，好像是一个衙门。民众教育馆有变成一个衙门的危险，但要想把民众教育当作一件大事做，切不可以在衙门里做老爷。官舍还有一个意思，就是看管房子。办民众教育倘使变成只看管民教馆的房子，那也嫌不够。我有意把“錧”字换个“馆”字。民众教育馆好一比是一个民众餐馆，前者管民众的文化粮食，后者管民众的身体粮食。民众餐馆要想生意好必须价廉物美，招待周到不需久候。民众教育馆要想做得开，在几方面都要跟民众餐馆学学才好。但是馆字也有毛病，官食可作老爷吃饭讲。倘使办民众教育的老爷只顾着自己的饭碗而不把精神粮食输送给老百姓，那便是大事小做了。

——1939年12月25日《战时教育》第五卷第四期

谈生活教育

——答复一位朋友的信

××吾友：

接读十二月十二日手书，知道我们在重庆相左，不能见面谈一谈，那是很可惜的一件事。承你对于生活教育和生活教育者提出一些意见，我们很感谢。你所勉励我们的话多半是对的，我们是朝着你所指示的路向不断的努力。但是你批评生活教育有一些不正确。这不能怪你，因为如你所说，你不能把全部生活教育研究之后再提出意见。为着要答复你的好意，我想把我认为不正确的地方提出来和你谈谈。

第一，你说："生活教育者好像不懂得'真正生活教育的实现，只有在没有人剥削人的制度里存在。'"你仔细想想之后，便知道这样的看法是机械的看法而不是发展的看法；是静态的看法而不是动态的看法；是等待的看法而不是追求的看法。你心里的理想的社会不是从天上落下来的，而是人类依着历史发展的趋势努力创造出来的。真正的生活教育自古以来一直存在到今天，即发展到今天，而且还要一直存在下去，发展下去，而达到最高的生活即最高的教育。为着最高的目的而忘了发展的过程，和为了发展的过程而忘了最高的目的，都是错误。

第二，你说："生活教育者企图不经过突变而欲达到质变。"我们没有这样的企图。除非你所遇到的是没有常识的"生活教育者"。水热到摄氏一百度突变而为水蒸气。我们不能幻想着水蒸气而忽视了砍柴、挑水、烧锅的工作。

第三，你说："生活教育者之努力……即使能完成任务，那也只限于一部分被……提拔的'天才者'，群众是没有份的。"这"天才者"大概是指我们所选之具有特殊才能之儿童吧。他们是从难童中选来，不能说他们与民众无关。我们当然不应该为"天才"而办"天才"教育，但是为着增加抗战建国的力量而培养特殊才能的幼苗，使他们不致枯萎夭折，也是值得做的工作。我们当然不应该教他们做人上人，但是为着社会进步，让他们依据各人的才能、志愿做一群人中人，而且把他们的贡献发挥出来以为民众服务，也是值得干的工作。若只注重"天才"教育而忽略一般教育那是不可以；但是生活教育者自始就发动普及教育运动，到近来才感觉到具有特殊才能之儿童之被忽视而开始唤起社会之注意。我们所希望的是"从民众那里来"的"回到民众那里去"。

第四，你说："生活教育者没有把革命与教育联系起来。"

这要看你心中的革命是一件什么事，你心中的联系是如何联系法。在我们看来，现在的民族解放斗争是革命的行动，我们以一个民众学术团体对于团结抗战建国，是用了全副精神参加，不敢有丝毫之懈怠。至于你所说，一个教育工作者同时应该是一个革命者，我很同意。但我希望补充一句：一个真正革命者必然是一个真正生活教育者。即使他不承认他是一个生活教育者，按着生活教育的理论说来，他也是一个道地的生活教育者。

第五，你说你的很多朋友不知道生活教育是什么，并且说："生活教育受人忽视的主要原因是因为缺少革命的联系。"生活教育之被一部分人忽视，那的确是事实，但完全归咎于缺少革命的联系，从上面说明看来，也不见得完全对。我想除我们自己力量有限外，生活教育之被人忽视还有下述之原因：一、过生活而忽视教育的人必然忽视生活教育。二、受教育或施教育而忽视生活的人亦必然忽视生活教育。三、忽视民众生活而又忽视民众教育的人固然不要生活教育，而高谈革命理论而无革命实践的象牙塔里的"革命家"，也无由知道生活教育之宝贵。

末了，你希望我们能够出版一部生活教育大纲，我们正在着手编这样一部集体创作。现在为你参考起见，我想把生活教育的理论提出几个要点和你谈谈。从定义上说：生活教育是给生活以教育，用生活来教育，为生活向前向上的需要而教育。从生活与教育的关系上说：是生活决定教育。从效力上说：教育要通过生活才能发出力量而成为真正的教育。“教学做合一”是生活法亦即教育法。为要避去瞎做、瞎学、瞎教，所以提出在“劳力上劳心”以期理论与实践之统一。“社会即学校”这一原则要把教育从鸟笼里解放出来。“即知即传”这一原则要把学问从私人的荷包里解放出来。“行是知之始，知是行之成”是教人从源头上去追求真理。工学团或集体主义之自我教育是在团体生活里争取自觉之进步。“教育是民族解放、大众解放、人类解放之武器”，这种教育观是把教育从游戏场、陈列室解放出来输送到战场上去。时间不许我细说，总之，生活教育理论是半殖民地半封建的中国争取自由平等的教育理论。我希望你把研究之门大开起来。如果有机会，我想和你谈谈。千万不要因为一时之倒霉，少数人之不忠实，就误断一个运动的命运。

——1940 年 1 月 10 日《战时教育》第五卷第五期

育才学校创办旨趣

我们在普及教育运动实践中，常常发现老百姓中有许多穷苦孩子有特殊才能，因为没有得到培养的机会而枯萎了。这是一件非常可惜的事情，这是民族的损失，人类的憾事，时时在我的心中，提醒我中国有这样一个缺陷要补足。

抗战后，从国外归来，路过长沙、汉口时，看到难童中也有一些有特殊才能的小孩，尤其在汉口临时保育院所发现的使人更高兴，那时我正和音乐家任光先生去参观：难童中有一位害癞痢的小朋友，他是一位有音乐才能的孩子，不但指挥唱歌有他与众不同的能力，而且他也很聪敏，任光先生给他的指示，他便随即学会。

又有一次，我在重庆临时保育院参观，院长告诉我一件令人愤愤不平的事。他说近来有不少的阔人及教授们来挑选难童去做干儿子，麻子不要，癞痢不要，缺唇不要，不管有无才能，唯有面孔漂亮，身材秀美，才能中选而且当着孩子的面说，使他们蒙上难堪的侮辱，以至在他们生命中，烙上一个不可磨灭的印象。

以上三个印象，在我的脑子里各各独立存在了很久，有一天，忽然这三个意思凝合起来了，几年来普及教育中的遗憾须求得补偿，选干儿子的做法，应变为培养国家民族人才幼苗的办法，不管他有什么缺憾，只要有特殊才能，我们都应该加以特殊之培养，于是我便发生创办育才学校的动机。当时就做了一个计划，由张仲仁先生领导创立董事会，并且得到赈委会许俊人先生之同意而实现，这是去年一月间的事。

创办育才的主要意思在于培养人才之幼苗，使得有特殊才能者的幼苗不致枯萎，而且能够发展，就必须给予适当的阳光，空气，水分和养料，并扫除害虫。我们爱护和培养他们正如园丁一样，日夜辛勤的工作着，希望他们一天天的生长繁荣。我们拿爱迪生的幼年来说吧，他小时在学校求学，因为喜欢动手动脚，常常将毒药带到学校里来玩，先生不理解他，觉得厌恶，便以“坏蛋”之罪名，把仅学了三个月的爱迪生赶出学校。然而他的母亲却不以为然，她说她家的蛋没有坏，她便和她的儿子约好，历史地理由她教他，化学药品由自己保管，将各种瓶子做记号，并且放在地下室里，他欣然的接受了母亲的意见，于是这里那里的找东西，高高兴兴的玩起来。结果，就由化学以至电学，成为世界有名的大发明家，虽然那三个月的学校教育是他一生仅有的形式教育，但是由于他母亲的深切的理解他，终能有此造就。像爱迪生母亲那样了解儿童的精神，是值得我们学习的。假如他的附近有化学家电学家的帮助，设备方面又有使用之便利，则可减少他许多困难。我们这里便想学做爱迪生的母亲，而又想给小朋友这些特殊的便利。

我们这里的教师们，要有爱迪生母亲那样了解儿童及帮助儿童从事特殊的修养，但在这民族解放战争中，单为帮助个人是不够也是不对的，必须要在集体生活中来学习，要为整个民族利益来造就人才。因此，我们要引导学生们团起来做追求真理的小学生；团起来做自觉觉人的小先生；团起来做手脑双挥的小工人；团起来做反抗侵略的小战士。

真的集体生活必须有共同目的，共同认识，共同参加，而这共同目的，共同认识和共同参加，不可由单个的团体孤立的建树起来。否则，又会变成孤立的生活，孤立的教育，而不能充分发挥集体的精神。孟子说："先立乎其大者，则其小者不能夺也。"我们中国现在最大的事是什么？团结整个的中华民族，以打倒日本帝国主义而创造一个自由平等幸福的中华民国。我们的小集体要成了这个大集体的单位才不孤立，才有效力，才有意义。与这个大集体配合起来，然后我们的共同立法，共同遵守，共同实行，才不致成为乌托邦的幻想。

我们的学生要过这样的集体生活，在集体生活中，按照他的特殊才能，给与某种特殊教育，如音乐、戏剧、文学、绘画、社会、自然等。以上均各设组以进行教育，但是小朋友确有聪明，而一时不能发现他的特长，或是各方面都有才能的，我们将来要设普通组以教育之。又若进了某一组，中途发现他并不适合那一组，而对另一组更适合，便可以转组。总之，我们要从活生生的可变动的法则来理解这一切。

但是，育才学校有三个不是，须得在此说明：

一、不是培养小专家。有人以为我们要揠苗助长，不顾他的年龄和接受力及其发展的规律，硬要把他养成小专家或小老头子。这种看法是片面的，因为那样的办法也是我们极反对的。我们只是要使他在幼年时期得到营养，让他健全而有效地向前发展。因此，在特殊功课以外，还须给予普通功课，使他获得一般知能，懂得一般做人的道理，同时培养他的特殊才能，根据他的兴趣能力引导他将来能成为专才。

二、不是培养他做人上人。有人误会以为我们要在这里造就一些人出来升官发财，跨在他人之上，这是不对的。我们的孩子们都从老百姓中来，他们还是要回到老百姓中去，以他们所学得的东西贡献给老百姓，为老百姓造福利；他们都是受着国家民族的教养，要以他们学得的东西贡献给整个国家民族，为整个国家民族谋幸福；他们是在世界中呼吸，要以他们学得的东西帮助改造世界，为整个人类谋利益。

三、我们不是丢掉普及教育，而来干这特殊的教育。其实我们不但没有丢掉普及教育，而且正在帮助发展它。现在中国处在伟大的抗战建国中，必须用教育来动员全国民众觉悟起来，在抗战建国纲领之下，担当这重大的工作，所以普及教育，实为今天所急需。是继续不断的要协助政府，研究普及教育之最有效之方法，以提高整个民族的意识及文化水准。育才学校之创立，只是生活教育运动中的一件新发展的工作，它是丰富了普及教育原定的计划，决不是专为这特殊教育而产生特殊教育，也不是丢掉普及教育而来做特殊教育。

——本篇原载1940年8月1日出版时《战时教育》第六卷第Ⅰ期《育才学校专号》（期刊尾注出版日期为10月1日）。此系1940年5月1日起草

育才二周岁之前夜

育才是中国抗战中所产生的一所试验学校，应该是要在磨难里成长为一个英勇的文化作战集团。它的怀胎是在武汉快要失守之前，而诞生则在南岳会议以后，政党国内肃清巨奸之污血，国际唤起正义的声援，我们的整个民族是树立了必胜的信念，而在历史过程中酝酿着一个蓬蓬勃勃的大转机。这时抗战文化是开放着千紫万红的鲜花。那空前的难童公育运动也奠定了一个相当规模的初基。育才学校便是这难童公育运动之进一步的合乎客观需要的发展。这一切回想起来令人不胜黄金时代之感。

但是向前看啊！不可近视懈怠而被目前的磨难俘虏而去。前面有着更大的黄金时代。

说到目前的磨难可算是严重。但是也给了我们空前的机会来创造。敌人的扩大封锁与加紧进攻，要更大的团结力量去克服。世界战争，自从德军开始进攻苏联，把我们的友邦都卷入漩涡了。这也可是我们格外警觉，靠着更大的团结力量来自力更生，同时也可使我们与友邦发生更亲切之合作，并由于我们的努力使英美与苏联的关系加强，四国配合作战，以铲除了人类之公敌而创造幸福之世界。目前的文化界无可讳言的是因烦闷而离开了一批工作者。文化之园里还存在着“无奈朝来寒雨晚来风”之慨。从张文白部长第二次招待文化界的演说词里，我们知道他似乎有惜春之意。这春暮的气象，大家多少有些同感，但是夏天之莲，秋天之菊，冬天之梅、四季常青之松柏，只要园丁负责，不给茅草乱长，哪样不可以及时欣欣向荣呢？而且春，无论如何也会回到人间，向前看啊！前面有着更大的黄金时代待创造。

育才是在这样的气氛里生长着。它是抱着这样的态度过日子。他快两岁了，长成了一个什么样儿呢？

跟武训学，最近几个月我们是过着别有滋味的日子，每日与米赛跑，老是跑在米的后面。到了四月，草街子米价涨到每老斗五十三元，比开办的时候涨了二十五倍。这时所有的存款都垫到伙食上去了。向本地朋友借来的四十石谷也吃完了，向银行借来的三万元也花光了。怎么办？从前武训先生以一位“乞丐”而创办了三所学校，我们连一所学校也不能维持，岂不愧死？于是我们在四月六日下了决心要跟武训学，我们要做一个“集体的新武训”。我们相信只要我们所办的是民族与人类所需要的教育，总有一天得到政府社会之了解帮助，从磨难中生长起来。首先是育才学生们之响应。他们来信说："我们愿做新武训的学生，不愿做旧武训的学生。"他们的意思是说：我们自动求学，用不着武训向他们下跪才用功。同样，教师们也给了认真教课的保证。有了认真教课的教师与自动求学的学生，新武训是比较容易做了——只需讨饭兴学，对付经济问题。这经济问题固然严重得很——到我写这篇文章的时候，二百张嘴天天所吃的已是每老斗一百一十元的米了。超出开办时五十倍——但是本着立校颠扑不灭的教育理论，抱着武训先生牺牲自我之精神，并信赖着中华民族重视教育爱护真理之无可限量之热诚，我们知道就是比现在更困苦，也必定不是饥饿所能把我们拆散的。中华民族需要我们，世界人类需要我们。磨难只能给我们以锻炼，使我们更强壮的长起来。

初步人才教育之路

育才在过去两年中只是做了一点探路的工作。育才在两周岁之前夜，对于初步人才教育，探到了什么路？怎样在这路上试探？有限得很，只可约略的谈谈：

甲、集体生活

集体生活不仅仅是大家聚在一块过日常生活。我们要想丰富集体生活在教育上之意义，必须使它包含三种要素：一为集体自治；二为集体探讨；三为集体创造。

（一）集体自治的主要目的，是要使大家在集体自治上来学习集体自治。集体自治在育才是采用民主集中制。我们在民主与集中之间摇摆了一些时候，我们主观上是要实行民主集中，使全校的公意得以充分的发表，并使此发表之公意有效而迅速的实现起来。但是实际上，我们初期似乎过于民主，发生过平均、平行等毛病；后来，要想纠正这些毛病，权利过于集中，整齐严肃是其好处，被动呆板是其弱点。现在仍回到立校之愿意，要贯彻民主集中制之真精神，一方面培养自动的力量，一方面培养自觉的纪律，一方面树立宣导这力量及发挥这纪律有效而有条理的机构，使他们向着有目的的生活奔赴，如百川之朝海。如果有一方面做得不够或有所偏，多少便会失去民主集中之效用。

（二）集中探讨之目的，在以集体之努力，追求真理。探讨之路有五，即行动、观察、看书、谈论、思考，称之为五路探讨，也可称之为五步探讨。这与中庸所说之博学、审问、慎思、明辨、笃行相仿佛，不过次序有些变动，博学相当于观察与看书。审问似乎属于思考又属于谈论。慎思明辨纯属于思考。笃行相当于行动。人类与个人最初都由行动而获得真知，故以行动始，以思考终，再以有思考之行动始，以更高一级融会贯通之思考终，再由此而跃入真理之高峰。说到应用，凡是不必按班级学习之功课都可采取集体探讨之方式，如社会科学、自然科学、艺术之一大部分，只需文化锁匙略会运用，即可开始从事与集体探讨。例如集体探讨中国抗战或某一战役，教师可于一星期前公布探讨纲目，提示参考图书，并指点探讨之路。地图及数字须预为择要公布。首先我们要在参加抗战行动上来了解抗战。我们在慰问抗属、制寒衣、义卖、宣传兵役等行动上来理解它的性质及发展。敌机凌空，轰炸惨酷，汉奸挑拨，奸商囤积居奇，军民同赴国难以及种种战利品随时随地广为观察。有关中国抗战及该战区之地图、书籍、报章杂志须广为搜集，按程度分别陈列以备阅览。然后依规定日期，由教师或请专家主讲，由学生参加讨论，当时扼要记录，事后用心整理，并加以批评检讨，以期达到融会贯通之境界。等到融会贯通以后之抗战行动，是跃入更深的必胜信念，并能发出更大的参加力量。这整个过程，我们称之为集体探讨。牛顿养猫，猫养小猫，他在大猫洞旁边开一小洞使小猫可以自由出入。但小猫只是跟随大猫走大洞，小洞等于虚设。集体探讨只是开了一个文化大洞，小孩自然跟着大孩一同进出罢了。

（三）集体创造的目的，在运用有思考的行动来产生新价值。我们虽不能无中生有，但是变更物质的地位，配合组织使价值起质的变化而便利于我们的运用。这也构成普通功课之一部分，使学生在集体创造上学习创造。我们以前开辟操场、劳动路及普式庚林，并改造课室已经有了些经验。这次从六月二十到七月二十定为集体创造月，开始有计划之进行，分举如下：

（子）创造健康之堡垒；

（丑）创造艺术之环境；

（寅）创造生产之园地；

（卯）创造学问之气候。

（子）创造健康之堡垒。我们的集体生活首重健康。创造健康之堡垒，目的在与疾病作战。善战者不战而退敌人之师，故一分预防胜于十个医生。健康之堡垒有三道防线：第一道防线，是制造扑灭病菌绝除病菌及病菌携带体作战。第二道防线，为实施环境卫生，如水井、厕所、厨房、饭厅、阴沟死水、仓库、家畜栏、垃圾堆，都要经常的施以适当的处理，使病菌无法孳生蔓延。第三道防线，是赤裸裸的靠着身体的力量与病菌肉搏。这道防线所包含的是营养、运动、防疫针、生理卫生之认识。至于治疗是三道防线都被攻破肉搏又告失败，只好抬入后方医院救治。故治疗不是作战之防线，乃是医伤之处所。最好是努力于三道防线上健康堡垒之创造，使治疗所等于虚设。我们是要朝这方向进行，很希望在集体创造月里立下一个基础。以后继续使它逐渐完成。但是既与病菌作战，无论如何周到，难免没有受伤官兵，故治疗所工作也不敢疏忽，而是要使它有效的执行它的任务。

（丑）创造艺术之环境。我们要教整个的环境表示出艺术的精神，使形式与内容一致起来。这不是要把古庙制成一座新屋，老太婆敷粉擦胭脂涂嘴唇是怪难看的。但是阵有阵容，校有校容，有其内必行诸外，我们首要重艺术化的校容。甲午之前，中国海军也算是世界第四位，一度开到日本大示威。一位有见识的日本官在岸上看了一看说：这可取而代之。人问其故。他说：大炮为一舰之主，我看见他们在大炮上晒裤子，所以知道它的末路快到了。这种眼光多么锐利啊！他是从舰容——大炮上的裤子——看清逊清海军军纪了。我们所要的校容不是浪费的盛装，而是内心的艺术感所求的朴素的表现。我们的校容要井然有条，秩然有序，凛然有不可侵犯之威仪。什么东西应该摆在什么地方或只许摆在那个地方，应该怎样摆也只是那样摆，而不许它不得其所。无论什么东西，已经成群，就得排队：草鞋排队、斗笠排队、扫帚排队、簸箕排队、锄头排队、文具排队、手巾排队、脸盆排队、桌排队、椅排队、凳排队、床排队、被排队、书排队——一切排起队伍来！物也排队；人也排队。静要排队；动要排队。排队而进；排队而出。排队之前，排队之时，排队之后，通身以朴素之艺术精神贯彻之，便成了抗战建国中应有之校容。捣乱这校容的有少爷、小姐、名士派、浪漫派、个人主义、自由主义之遗孽，我们是努力的感化而克服着。

（寅）创造生产之园地。我们要渡过经济的难关，是要开源节流，标本兼治。治标的方法，是在节约捐款。根本之计，则在从事有效生产之生产，以十年树木之手段，贯彻百年树人之大计。现在正进行着“寸土运动”，使大家知道“一寸黄土一寸金”之意，而后用集体的力量使地尽其力。进行这工作时候，有数件事颇令人兴奋。晚饭钟已经敲了，我们见一位小同学身边放着十根辣椒苗，左近实在没有空地了，只空下一个小水凹。这时，又看见一位同学远远的还在工作，待我走过去和他谈谈，他说我今天要挖好五百个凹，使山芋秧种完了才放手，他的技术虽然还有许多地方不能令人满意，但是我们有一些小农人精神，是足以完成我们小范围中的寸土运动的任务。在我们当中，也有一些人懒得动手，或把生产当作玩意儿干。我希望在创造劳动的洪炉里，他们渐渐的会克服自己的弱点，把自己造成手脑双挥的小工人。

（卯）创造学问之气候。气候是生物生长之必要条件。我们要学问长进，必须创造追求真理所必需的气候。平常所谓气候是空气与热之变化所至，学问之气候也可说是追求真理之热忱与其所需之一定文化养料及其丰富之配合所构成，追求真理之热忱其限度固为先天所赋予，而各人是否得尽其限，则有赖以追求真理之文化养料之配合则有待于创造。具体的说，我们除了培养求知之热忱以及大自然大社会之博观约取外，必须有自然科学馆、社会科学馆、艺术馆、图书馆之建立。对于文化养料搜集得愈丰富配合得愈适宜，则其有助于学问之长进亦愈大。这些，在我们这样的学校，除了集体创造外，便无法实现。从五月二十七日起，我们是分工合作的来采办这些文化食粮，首先是图书馆之彻底改造，简直是等于创造一个新的图书馆，竟以集体力量之雄厚，并为一切集体创造树立了一个可以达到的水准，而且于无意中起了模范作用。我们有两个肚，需要两种粮食、两个厨房、两个大司务。自从米价涨上天，精神食粮偏枯，大家好像变成了一个大肚小头的动物，其实精神肚子吃不饱，饭桶肚子又何尝吃得饱？为了免掉这种偏枯，我们除了吃“点心”外还要吃“点脑”——还要吃“文化点心”。我们下决心规定“点心”费或文化点心费，不是小于米价二十分之一，免得头脑长得太小，太不像样。

乙、文化钥匙

活的人才教育，怒视灌输知识，而是将开发文化宝库的钥匙，尽我们知道的交给学生。文化钥匙主要的四把，即国文、数学、外国文、科学方法。国文、数学、外国文三样，在初期按程度分班级上课最经济。数学对于艺术部门之学生，只须达到足够处理日常生活程度以后，即可任其自由选择。知识之前哨，丰富之学术多在外国，人才幼苗一经发现即须学外国文。至少一门，与国文同时进行，愈早愈好，风、雨、寒、暑不使间断，若中途发现其不堪深造，则外国文即须停止，以免浪费时间。科学方法不必全部采用班级上课，一部分要使其在行动上获得方为有效。这科学方法似宜包含治学、治事各方面。从前有一个故事提到有一位道人用手一指，点石为金，一位徒弟在旁呆看，道人说：“你把金子搬去可以致富。”徒弟摇摇头。道人问他为何不要金子，徒弟说：“我看中你那个指头。”世上有多少被金子迷惑而忘了点金的指头，文化钥匙虽可分班度人，但要在开锁上指点。如当作死书呆读，上起锈来，又失掉钥匙的效用了。

丙、特殊的学习

这是育才立校之一的特点，我们设了音乐、戏剧、文学、社会、自然、绘画六组，依据智慧测验，特殊测验，选拔难童加入最适合其才能兴趣之一组学习，以期因材施教，务使各得其所。我们的目的，在使人才幼苗得到及时之培养而免于延误枯萎。特殊才干之幼苗，一经发现，即从小教起，不但是合于世界学问之幼年史实，即我们这短短两年的试验，也证明了路线之正确。将来，倘能照预定计划加设工艺组和农艺组，更为容易见效而适合需要。一位来校视察的朋友，看见这办法合理而主张普遍推行。这是需要慎重考虑的。我想每省先设一所以资试验，却是有益而无害。将来随办学人才之增加，则每一行政督察专员设立一所，亦属可行。

丁、自动力之培养

生活、工作、学习倘使都能自动，则教育之收获定能事半功倍。所以我们特别注意自动力之培养，使它贯彻于全部的生活工作学习之中。自动是自觉的行动，而不是自发的行动。自发的行动是自然而然的原始行动，可以不学而能。自觉的行动，需要适当的培养而后可以实现。故自动不与培养对立，相反的自动有待于正确的培养。怎样才算是正确的培养呢？在自动上培养自动，才是正确的培养。若目的为了自动，而却用了被动的方法，那只能产生被动而不能产生自动。有人好像是无须培养便能自动，那是因他会自觉的锻炼了自己培养了自己，其实他是运用了更高的培养，即自我的培养。我们的音乐指导委员会，委员都在重庆，每月有一位下乡指导数日。当他不在乡下的时候，学生竟能自动的完成每一个月的学习进程，这是很令人高兴的一件事。最近改造图书馆，一开始便着手培养十几位幼年的秘书。写得不及格的摔进字纸篓里，顶多摔进去三次便及格了。这写信之及格不就等于一门书法考试及格了吗？所不同的是三百封信出去了，等于一位书记五十天的成绩。而且书法考试及格，写信未必适用；但是写信已经合用，书法必定及格。现在要完成幼年会计、幼年护士之培养，并开始幼年生产干事、幼年烹饪干事之培养。我们的根本方针，是要在自动上培养自动力。每人学治一事，不使重复而均劳逸。寻常治学之人常常相轻，现在治学之人学治一事，则治事亦治学了。再则一般治事之人，为治事而治事，不免流于事务主义。倘从小即养成其为治学而治事之态度，则两受其益了。

两个问题之再考虑

（一）普修课与特修课之关系

育才初办的时候，假定普修课与特修课之时间各占二分之一。普修课依部章所定内容进程实施。特修课则因无前例，则根据各组学术性质而定其课程。后来，因研究结果而改订时间，使普修课约占三分之二，特修课占三分之一，并给各组以伸缩机会，再依各组进程需要逐年酌量增加特修课之时间。我们时常遇到的问题是：你们学生几年毕业？我们回答问题不像普通学校那样简单。特修课我们是希望学生一直学上去，到学成了才告一段落；普修课则大约和别的学校同年限毕业。接着就是第二个问题：你们花费了三分之一的时间在特修课上面，又如何能同别的学校同年限毕业？因为有四个条件能使它成为可能：（一）我们这里几乎是个全年学校或四季学校。当寒假生活和暑假生活，名字虽是不同，但多少还得天天上些课。比较起来，我们全年上课是可能多十几个星期。（二）特修课之一部分，在学力上是可移转到普修课上面去。（三）如果集体探讨及集体创造，特别是学问气候之创造，有效的实现起来，学生潜修其中，自然而然的是随时随地的吸收很多，相当于普修课之内容。（四）为着要预防及纠正特修课教育之狭隘性格，我们多方引导学生在各组之立场与观点，尽量对于普修课各部门找出他们与本组学术之关联。担任普修课之导师乃至比较深造的学生，提出各该组当前学习之精华，使之深入浅出，公诸全校，以丰富全校之普修课内容。这样，普修课与特修课之鸿沟打通，乃能达到一般的特殊与特殊的一般之境界。

（二）集体检讨可能之流弊

集体生活必须有自我检讨而后能克服自身之弱点，发扬本身之优点。这种检讨晚会之原意，是教工作做得好些，学问求得正确些，生活过得丰富而合理些，进一步是要时常提醒我们所过的生活，所求的学问，所做的工作是否合乎抗战建国之大计。它要提醒我们是否为了近处而忘记远处，为着小我而忘了大我。这样，晚会才能开得有教育意义，才能叫人有参加之乐而无参加之苦。但是检讨晚会有一个危险，说是一不小心，它往往会变成集体裁判，为着一点小事而浪费多数人之时间，久而久之，会在同学之间结下难解之私仇，被检讨是弱者吞声屈服，强者怀恨报复，既伤团体和气，亦无益于个人，甚至乐园变成苦海，实误用集体检讨有以致之。古人说："杀鸡焉用牛刀。"何况拿牛刀杀虱？若是老用来杀鸡杀虱，则到了杀牛的时候，怕要杀不动了。集体检讨是一个团体最锋利的公器，不可小用，小用则钝。纠正之方在民主立法；有司执法，网开一面，庶有自新之路；十目所视，不容秽垢藏匿之所；而根本之图，是先立乎其大者，则其小者不能夺。改弦更张，为时不久，进一步可以达到同志同学均在友谊上合一起来之境界，是其有助于全校之精诚团结，可以预卜了。

迎接维系努。婆罗门教有三个大神：一个是创造之神，名叫百乐妈；一是破坏之神，名叫洗伐；一是保存之神，名叫维系努。我们生活教育运动，包含育才学校，仔细检讨，便发觉我们缺少保存之神。让我们欢迎维系努加入我们集团吧。我们不为保存而保存，是为着更高的创造而保存。正如印度故事所说，让更真、更善、更美的创造，从维系努手中之莲花里生出来吧。

——1941 年 6 月 1 日《战时教育》第六卷第六、七、八期合订本

实施民主教育的提纲

今天只是提出一些问题作为日后讨论的提纲，希望大家予以修正补充和指教。

一、旧民主与新民主

旧民主，是少数资产阶级作主，为少数人服务。新民主，是人民大众作主，为人民大众服务。

二、庸俗的民主与创造的民主

庸俗的民主是形式主义、平均主义，只是在形式上做到如投票，等等。创造的民主是动员全体的创造力，使每个人的创造力得到均等的机会，充分的发挥，并且发挥到最高峰，所以创造的民主必然与我以前所讲的民主的创造有关联。民主的创造，是要使多数人的创造力能够发挥。在专制时代，少数人也能创造，但多数人的创造的天才被埋没，或因穷困忙碌而不能发挥，即使发挥也会受千磨万折，受到极大的阻碍。民主的创造为大多数人的创造，承认每一个人都得到创造的机会，这是与专制的创造不同的地方。

三、民主运用到教育方面来

民主运用到教育方面，有双重意义：第一，民主的教育是民有、民治、民享的教育。“民有”的意义，是教育属于老百姓自己的。“民治”的意义，是教育由老百姓自己办的。例如从前山海工学团时代，宜兴有一个西桥工学团，是老百姓自己办的，农民自己的孩子把附近几个村子的教育办起来，校董是老百姓，校长也是老百姓。又如晓庄学校封闭后，晓庄学生不能回晓庄办教育，而老百姓又不要私塾，所以小孩子自己办了一个佘儿岗自动小学。又如陕北方面是提倡的民办教育，也都是这意思。“民享”的意义，是教育为老百姓的需要而办的，并非如统治者为了使老百姓能看布告，便于管理，就使老百姓认识几个字。由此可见有民有、民治、民享的政治，才有民有、民治、民享的教育。

第二，民主的教育必须办到各尽所能，各学所需，各教所知，各尽所能，就是使老百姓的能力都能发挥。各学所需，因为经济条件没有具备，所以办不到。但各教所知是可以做到的。在民主政治下：特别是中国有许多人民没有受教育，需要多少教员才能把各地教育办起来？如一人能教四十人，二百万教师才能教八千万小孩。这些教师是师范所不能训练出来的，所以还必须每人各教所知。各尽所能，各学所需，各教所知三点都办到了，民有、民治、民享的教育也就成功了。

四、教育的对象或教育的目的

“文化为公”，“教育为公”是教育的目的，但又不妨因材施教。国民教育，与人才教育略有不同。国民教育，是人人应当免费受教育，但如有特殊才能的，也应加以特殊的教育，使其才能能充分发挥，这就是人才教育。但人才教育并不是教他们升官发财，而是要他们将学得的东西贡献给大众，所以这也是“文化为公”。

男女也应有平等受教育的机会。目前有些地方，例如南充男女界限分得很严，男女学生不能互相说话，这种地方，女子教育一定不发达。

无论贫富，也应该有均等受教育的机会。前次社会组在草街乡调查失学儿童，占学龄的儿童百分之七十四。能来中心小学读书的儿童，大多是小地主的孩子，佃农恐怕很少。民主教育要使穷人也有受教育的机会。

无论老少，也应该受教育。生活教育很早就提出活到老，学到老。最近听说西北也是如此。生活教育运动中最老的学生为八十三岁之王老太太，她说：“我也快进棺材了，还读什么书？”但经她的孙儿曾孙的鼓舞，她的热情也烧炽起来了。因为她的缘故，她的媳妇也得读书了。

还有资格的问题：现在是有资格就能上进，没有资格就该赶出大门外。但民主教育是只问能力，不问资格的。本来资格是有能力的证明，既有直接的证明，又何须资格。只要证明是有能力的就可上进。

民族教育现在也成一个问题。过去把少数民族取名为边民，不承认他们为民族。我们对于苗族等小民族的教育，强迫他们学汉文，还要用汉人教师去教他们。但民主教育是让他们学习他们自己的文字，没有文字的，就帮助他们制造文字，让他们自己办学训练各民族的人才来教育他们自己的人民。过去蒙古人受教育时，是雇人来上课的。这种教育又有什么用？

还有一点，无论什么阶级，都要有受教育的机会。受教育的机会被剥夺最多的是农工及子弟。农工阶级忙碌一天，还陷入吃不饱饿不死的状态，当然再谈不到受教育。民主教育是要力求农工劳苦阶级有机会受教育。

总结起来，“教育为公”就是机会均等：入学时求学的机会均等，长进的机会均等，离校时复学的机会均等，失学时补习机会均等，而且老百姓有办学管教育的机会。

五、民主教育的方法

民主的教育方法，要使学生自动，而且要启发学生使能自觉，要客观，要科学，不限于一种，要多种多样，因材施教，要生活与教育联系起来，并且在中国要会用穷办法，没钱买教科书，用尽种种办法来找代用品，招牌可以作课本，树枝可以作笔，桌面可以当纸张。八路军行军时，带着一套文化工具，即是一支木笔，行军停下来时，就在地面上画字认字。新民主主义既是农工领导，就必须用穷办法使老百姓受教育。单是草街子如每人买一支铅笔，就要花去四十万元，因此只有不用铅笔另想穷办法，才能做到教育为公。

另外还有一个办法，学生不能来上课的可以送去教，“来者不拒，不能来者送上门去”，看牛的送到牛背上去，这样“教育为公”才有办法。最后，我们必须重提要着重创造，让学生自动的时候，不是让他们乱动，而是要他们走上创造之路，手脑并用，劳力上劳心。这需要六大解放：（一）解放眼睛——不要带上封建的有色眼镜，使眼睛能看事实。（二）解放双手。（三）解放头脑——使头脑从迷信、成见、命定、法西斯细菌中解放出来。（四）解放嘴——儿童应当有言论自由，有话直接和先生说，并且高兴心甘情愿和先生说。首先让先生知道儿童们一切的痛苦。（五）解放空间——不要把学生关在笼中，在民主教育中的学校应当大得多，要把大自然、大社会作为他们的世界。空间放大了，才能各学所需；扩大了空间，才能各教所知；扩大了空间，才能各尽所能。（六）解放时间——不是以此标榜，然而并未完全做到。师生工友都应当有一点空闲的时间，可以从容消化所学，从容思考所学，并且干较有意义的工作。

六、民主的教师

民主的教师，必须要有：（一）虚心。（二）宽容。（三）与学生共甘苦。（四）跟民众学习。（五）跟小孩子学习——这听来是很奇怪的，其实先生必须跟小孩子共甘苦，并不是说完全跟小孩子学，而是说只有跟小孩子学，才能完成做民主教师的资格，否则即是专制教师。现在民主国家的领袖，都是跟老百姓学，否则即成专制魔王。（六）消极方面：肃清形式、先生架子、师生的严格界限。

七、民主教育的教材

民主教育的教材应从丰富中求精华，教科书以外求课外的东西，并且要从学校以外到大自然、大社会中求得活的教材。

八、民主教育的课程

（一）内容。现在人民所以大部分在贫穷中过生活，因为贫富不均，所以了解社会是很重要的。另外科学不发达，不能造富，所以应该有科学的生产，科学的劳动。抗战如不能胜利，整个中国就完了！因此教育要拿出一切力量来争取胜利，要启发民众，用一切力量来为抗战为反攻而努力。

（二）组织。组织应敷成多轨，即普及与提高并重，使老百姓都能受教育，并且有特殊才干也能发挥。

（三）课程。课程要有系统，但也要有弹性，要在课程上争取时间的解放。

九、民主教育的学制

民主教育的学制，包含三原则：单轨出发。学制在世界上各国分成几种，如德国的学制是双轨制，穷苦的人民受国民教育，再受职业教育。有钱的人，则由中学而直升大学。民主教育开始是单轨，不分贫富从单轨出发，以后依才能分成多轨，各人所走路线虽不同，但都将力量贡献给抗战，贡献给国家，这叫多轨同归。并且还要换轨便利，让他们在才干改变时有调换轨道的便利。

旧时的学校，学生忙于赶考。赶考是缩小学生时间的一原因，并且使学生没有时间思考。民主教育也是要考的，但不要赶考，而是考成。也不鼓励个人的等第，只注意集团的成绩。而成绩也不以分数定高下。

民主也不是绝对的自由。民主有民主的纪律，与专制纪律不同。专制纪律是盲从。民主纪律是自觉的集体的，不但要人服从纪律，还要人懂得为什么。

此外应当广泛地设立托儿所，农村的，工厂的，公务员的，可以将妇女从家庭中解放出来。在大学，要做到下列几点：（一）入学考试不应过分着重文凭，应增加同等学力的录取比例；（二）研究学术自由，读书自由，讨论自由；（三）增设补习大学及夜大学。这应该跟日本学，在日本夜大学很多。我们要帮助工厂里的技术工人，合作农场中的技术农人，得到受大学教育的机会。至于留学政策，凡是在中国可以学到的应在中国学，请外国教授来中国教。如设备不可能在中国设置的学科，才能派大学毕业有研究能力的研究生出外留学。

十、民主教育的行政

（一）鼓励人民办学校，当然人民自己所办的，并不能像美国私立学校那样宣传某种宗教的偏见，而是为民主服务。

（二）鼓励学生自己管自己的事。

（三）肃清官僚气的查案，以及资格的作风，视察员及督学有三个作用：（1）鼓励老百姓办学；（2）考察学校是否合乎民主道理；（3）不是去查案，是积极指导学校如何办得好。老百姓的学校，大概粗糙简陋，所以视察员到时，不是带来恐怖，而是带来春风。

民主的校长，也有四种任务：（1）培养在职的教师，教师是从各处来的，校长应负有责任使教师进步；（2）通过教员使学生进步并且丰富的进步；（3）在学校中提拔为老百姓服务的人，如小先生之类；（4）应当将校门打开，运用社会的力量，使学校进步，动员学校的力量，帮助社会进步。他应当有社会即学校的观点，整个社会是学校，学校不过是一课堂，这样才能尽校长的责任。并且对于大的社会，才能有民主的贡献。而学校本身就可以成为民主的温床，培育出人才的幼苗。

十一、民主的民众教育

有人民的地方，就是民主教育到的地方。家庭、店铺、茶馆、轮船码头，都是课堂。甚至防空洞中，也可以进行教育。博物馆，电影院，图书馆，都是进行有系统的教育地方。应当请专家讲演，深入浅出。没有专家的地方，也应有好的办法，使老百姓无师自通。

十二、民主教育的文字

要老百姓认二千个字，好比要他们画二千幅画。有人说汉字太难，应当打倒，有人主张，不用拉丁化，而用注音字母。我主张汉字、新文字、注音字母三管齐下。（一）认得汉字的人，照估计有八千万人，假使最低估计有五百万人可能教汉字，这是一股很大的力量，我们不但不用推倒他，而要运用他。（二）运用新文字教老百姓，我们在上海试过，教起来非常方便。一个月就可以使老百姓看懂信件，学过英文的人，三个钟头就可以学会。（三）醉心注音字母也好，就用注音字母来帮助老百姓。我希望文字也像政党似的来一个民主联合，汉字好比是板车木车，注音字母好比是汽车，新文字好比是飞机。各种文字的提倡人联合起来，做到多样的统一。

——1945 年 5 月《战时教育》第九卷第二期

民主教育

民主教育是教人做主人，做自己的主人，做国家的主人，做世界的主人。把林肯总统的话引申到教育方面来说：民主教育是民有、民治、民享之教育。说得通俗些：民主教育是人民的教育，人民办的教育，为人民自己的幸福而办的教育。现在把这样教育的内容和方法，扼要的提出几点，供给从事举办民主教育的朋友参考。

一、教育为公以达到天下为公。全民教育以实现全民政治。积极方面我们要求教育机会均等。对人说，无论男女老少贫富阶级信仰，以地方说，无论远近城乡都应有同等机会享受教育之权利。消极方面，我们反对党化教育，反对党有党办党享的教育，因此党化教育是把国家的公器变做一党一派的工具。

二、教人民肃清法西斯细菌，以实现真正的民主。

三、启发觉悟性。教人民进行自觉的学习，遵守自觉的纪律，从事自觉的工作与奋斗。

四、培养创造力以实现创造的民主和民主的创造。解放眼睛，敲碎有色眼镜，教大家看事实。解放头脑，撕掉精神的裹头布，使大家想得通。解放双手，剪去指甲，摔掉无形的手套，使大家可以执行头脑的命令，动手向前开辟。解放嘴，使大家可以享受言论自由，摆龙门阵，谈天，谈心，谈出真理来。解放空间，把人民与小孩从文化鸟笼里解放出来，飞进大自然、大社会去寻觅丰富的食粮。解放时间，把人民与小孩从劳碌中解放出来，使大家有点空闲，想想问题，谈谈国事，看看书，干点与老百姓有益的事，还要有空玩玩，才算是有点做人的味道。有了这六大解放，创造力才可以尽量发挥出来。

五、各尽所能，各学所需，各教所知，使大家各得其所。

六、在民主的生活中学习民主。在争取民主的生活中学习争取民主。在创造民主的新中国的生活中学习创造民主的新中国。

七、尽量采用简笔汉字、拉丁字母，双管齐下，以减少识字困难，使人民特别是边民易于接受教育。

八、充分运用无线电及其他近代交通工具，以缩短距离，使边远地方之人民、小孩，可以加速的享受教育。

九、民主教育应该是整个生活的教育。它应该要工以养生，学以明生，团以保生。它应该是健康、科学、艺术、劳动与民主织成之和谐的生活，即和谐的教育。

十、承认中国是从农业文明开始渡到工业文明，经济是极端贫穷。我们必须发现穷办法，看重穷办法，运用穷办法，以办成丰富的教育。开始的时候，唯独这样办才能使绝大多数之劳苦大众及其小孩得以享受教育；否则只有少数少爷小姐享受教育，不能算是真正的民主教育。

——1945 年 11 月 1 日《民主教育》创刊号

民主教育之普及

民主教育一方面是教人争取民主，一方面是教人发展民主。在反民主的时代或是民主不够的时代，民主教育的任务是教人争取民主。到了政治走上民主之路，民主教育的任务是配合整个国家之创造计划，教人依着民主的原则，发挥各人及集体的创造力，以为全民造幸福。

无论是争取民主或是发展民主，都要靠广大人民的群策群力才会成功。这广大人民在数量上是愈广大愈有力量，在认识上是认识得愈深刻愈有力量。因此民主教育需要普及。我们所要普及的是救命的民主教育，要全国老百姓无论男女老少贫富都能很快的得到救命的民主教育。

但是中国现在还是一个农业国，大家靠着一双手和锄头斧头生产，所以生活是穷苦的很，尤其是经过一百年的帝国主义侵略，多年的内战和抗战弄得万分穷苦。我们要在穷社会里找出穷办法来教一切穷人都得到教育，得到丰富的教育，得到民主的教育，才算是达到了我们普及教育的目的。

大概是六年前，我在成渝公路上的来凤驿住了一晚。吃晚饭的时候，有一群苦孩子来到前面讨饭，我们就把吃不完的饭菜统统给了他们。他们高兴地吃完之后，还是站在门口玩耍闲谈。我乘这个机会，点着他们好学的火焰。我问："你们如果愿意读书，我很愿意帮你们的忙。""愿意，我们没有书。"我指着对门一块招牌"中华餐馆"说："这就是书。"又指着另一块招牌"民国饭店"说，"那也是书。"我便引导他们开始读书。

"中华餐馆，民国饭店。中华民国，中华国民。中国，国民。（我是）中华国民。（我爱）中华民国。"

读完，我看见一个标语："有力出力，有钱出钱。"于是又开始引导他们读第二课。

"有力出力，有钱出钱。"

"有力出力（又）出钱，有钱（不）出钱（又）（不）出力。"

读完了，我问："要不要学写字？"一个小孩子说："没有笔。"我拿出我的右手的第二个指头说："这就是笔。"又一个小孩子说："没有纸。"我拿出左手的手掌说："这就是纸。"于是我就教大家学写字。对着招牌和标语学写，写了四五次，我又叫他们围在一张八仙桌的周围，看我在桌上写字，然后让他们自己在桌上学写。每人都用指头，沾点清水在桌上写，读的字都会写了。后来，我想把这工作继续下去，就教他们组织起来，推举了一个聪明而能干的小孩做队长，带领着别的小孩每天在街上学习，并公请我住的旅馆老板做先生，这组织与推举也可算是一点民主教育。这办法算是顶穷的办法了。但是来凤驿的十几位苦孩子便因此而受了民主教育的洗礼，并因此而立下继续求学的原始组织。只要知识分子念头一转，肯帮助人好学，不需花费一个钱，便可以帮助老百姓识字，受到民主的教育。如果全国八千万识字的人都肯这样做，都肯即知即传，而且跟他们学的人也即知即传，那四万万五千万人的普及民主教育不是有了办法吗？因此动员这八千万识字的人来进行普及民主教育是一件顶大的事，也是一件可能做到的事。教人，好学，都是传染的，等到大家都传染了教人、好学的习惯，便教人、好学成了瘾，整个中华民族便成了一个教人、好学的民族，万万年的进步是得到了保证。古人云：学然后知不足。一个人感到不足，他便要向高处追，向深处追，是不会有止境了。因此民主教育不但可能做到全民普及，并且可能做到立体的普及。

——1945 年 12 月 1 日《民主教育》第一卷第二期

纵谈战时各种教育问题

关于生活教育社原有十几年的历史，亦干过不少的工作；直到本月十五日才在桂林正式成立，重新展开工作。

生活教育社从事了好几个运动。最初，针对着广大乡村的落后，就掀起了乡村教育运动。到了都市，为了矫正教育的私有与独占，就展开普及教育运动。直到日本人步步侵略，华北汉奸猖獗，处在国难当头的时候，就以国难教育配合着当时的需要。抗战开始了，一切都要服从抗战，国难教育就沿进为抗战教育。现阶段的抗战是全面抗战，所以现在要展开全面教育来配合全面抗战的需要。全面教育的主要任务，就是要把教育展开到我们的前方和日本人的后方去。对象不仅是青年、壮丁，而且包括小孩与老太婆。……这几个运动的形式虽然不一，而其中心却只有一个，就是普及教育运动，不过它是随着客观形势的发展而发展罢了……

生活教育的宗旨是什么？扼要地说：

一、　提高生活水准；

二、　启发警觉性；

三、　培养创造力。

这，无疑的是我国今日当务之急。

新近在广西，我们发现山洞学校。空袭的时候，广西的人民几乎一半是在山洞中，为了逃避飞机而钻进山洞里去空过几个钟头、或半日、或几天，没有事情干，实在是很可惜的。山洞教育的可能，第一是因为山洞是天然的安全教室，用不着一个铜板的建设。第二是老百姓钻进来，不愁没有学生。第三是在避难群中，什么类型的分子都有，亦不愁没有知识分子可以在山洞充当教师。山洞学校的课程内容是男女老少什么人都应该学习。可以学习抗战的知识和各种抗战应用的技能。现在广西省政府已积极在训练山洞学校的指导员。山洞学校亦就是生活教育的一部分，比方老太婆肩上压了一个担子，双手还要拉着小孩。这时，在进入山洞避难途中，青年人就应该帮同抱小孩，帮同挑东西，让老小好好地避难。这种“服务”，就是“生活教育”的精神。换句话说，生活教育应该“跟老百姓走”，跟到山洞去，跟到树林去，跟到……去。一切的道理与办法都“跟老百姓走”五个字演绎出来。但是，亦不是跟老百姓逃难，而是从乱七八糟的逃难群中整理一个条理出来，使分散的力量集中起来，使难民成为斗士。

将在桂林成立晓庄研究所，在各处展开教育研究工作。凡是战时发生的教育问题，如军队教育问题、壮丁教育问题、伤兵教育问题、难民教育问题，……都是目前急待研究的教育问题，很需要提供实施的方案贡献给政府与各方面的参考与施行。这次来港的任务，就是要来筹备一切。

这实在是可喜可慰的佳音。晓庄之再生，象征着教育之黎明，象征着民族的复兴。

谈战时民众教育

生活为抗战，抗战即生活。

已知教不知，能者教不能。

办战时民众教育之原则，须认定五点：（一）社会与学校应打成一片，爰当此坚持长久抗战时期，应使全民皆具有抗战信念，须将社会与学校，彼此互相推动，以构成全民抗战之事实。（二）生活与教育联为一气。办战时民众教育应养成民众战时之生活，使各个民众一切生活动作，悉含有抗战之意味，而战时教育之实施，处处以抗战为对象。生活为抗战，抗战即生活。（三）节省时间以办战时民众教育，应以最短之时间，而收获最大之效果，决不应使时间浪费。（四）节省经济。办战时民众教育，应以最少数之经费，办多数之学校，如目前课本发生困难，可由各个学生利用土纸抄写，供不识字民众之用。此即节省经费而收效较大之一端。（五）即知即传。任何民众，对于抗战一切问题，即其所知者，即传达别人，倘人人能即知即传，则抗战知识可普遍于各阶层，收效当然很大。至于实施办法：第一，从教学方面言之，不分老幼性别，使知识较高者，教知识较低者，已知者教不知者。虽儿童亦可教成年。第二，应训练民众，能用脑用手用机械。譬如开汽车，接电线之机械技能，亦可有助于抗战。台儿庄战役期间，台儿庄孩子歌咏团用自己的言行，威胁小汉奸黄姓小儿转变为小战士的故事，殷盼各报代为披露，以表彰歌咏团对抗战宣传之伟大。

余日前着重于两件工作：一、拟办晓庄学校以推进抗战时期之民教，前次在汉时已向蒋委员长详细陈述，蒋委员长亦深表同情。地点将在湖南，现尚未完全决定。二、拟积极提倡组织普及教育会，希望有普及教育之志趣者，完全参加，共同推进民教。

——1939年1月1日香港《申报》

人民教育运动

印度甘地按语："陶行知博士不久前来印度访问我时，我曾邀请他能送一份中国人民教育运动进行情况的小册子给我。如今他已经送给我，这本小册子对我们是非常有用的。"

人民教育运动开始于十二年前。当时，有一些师生深入农民生活，并且尝试一种真正为农民服务的教育方法，作为正规学校制度所不能做的补充。他们尝试发展一种本国的教育，而反对外来的洋化教育，这种洋化教育是有着不同的历史和物质的背景的。他们尝试发展一种与整个社会生活密切联系的教育，反对畸形的智力的教育。要达到这些目标，我们制定了四项实施保证：

1. 实验者必须生活在群众当中，并且要向群众学习；

2. 方法必须建立在客观的实际基础上，而不能是书生气的空想；

3. 教育所花费的金钱和时间都必须尽量地减少；

4. 要建立一个坚强的信念，必须从教育职业的偏见和成见中解放出来。

在试验乡村师范，即晓庄师范时有许多事情已得到部分的证实。试验主要的成就，就是制定了生活即教育、社会即学校、教学做合一的理论。山海工学团及小先生制的出现，则回答了1931年和1932年的挑战和攻击。当日本侵略者扩张到华北时，北京的学生们奋起呼吁抵抗。我们便采取国难教育社的形式，并且和中国全国救国会亲密合作。自从1935年12月以来，我们运动的目标有以下几点：

1. 团结起来保卫中国的民主；

2. 加强国际合作，促进世界和平；

3. 振奋人民精神；

4. 实行全民义务教育。

这仅是最终的目的。为达到此目的，还要详细地讨论具体的方法。这里不仅是为农民争取有识字、阅读和写作的权力，而且也是为了培养农民具有从事政治和经济工作的能力。我们始终试图尽我们最大的努力，去发现简而易行的方法，使教育为人民所有、为人民所治、为人民所享，使得我们有更多更多的人民，有能力去参加自由国家的大家庭，为争取伟大中国的民主自由而斗争。

——本文系应甘地之邀用英文写成，发表于印度一家杂志

手脑相长

中国的传统教育，制造了两种不同类型的人。学生在学校里天天接受老师灌输的知识，他们的头脑发胀，却很少使用他们的双手。佣人们为他们做很多的事情，这些事本来是应该由他们自己做的，像小孩玩耍时做的泥饼和打开表检查都同样要受到惩罚。从人类历史发展上看，我们知道是我们的双手帮助大脑发展的。当我们的双手获得自由时便开始工作。当我们工作时总是要发表意见，经常要运用语言来交流彼此的思想。文字语言和生产工具等都是人的双手从事劳动创造出来的。旧学校是不鼓励运用双手的，结果是真正地挫伤了学生们大脑的发展。像这种不正常的训练学生的方法，学生得到的只能是头脑里贮藏一些未经消化的、不理解和不真实的知识而已。旧学校的方法是不可能让学生真正地得到实际知识的。这一类型的人，看起来有一个大的头，但是不能够准确地去思考和认识客观世界。所以，虽然他们有机会进学校，结果只得到一个大的头和一双小的手。演说时的滔滔不绝，看起来有几分像大袋鼠，仅仅有拿起一支笔杆的力量去写文章而已。而另一方面，我们广大的人民群众，担负繁重的劳作，却不能受学校教育。但是，他们要为办学校缴付税款，而他们和他们的子女劳动之余享受文化教育的权利被剥夺了。他们被迫得只存在一个很小的脑袋和一双巨大的手。生活教育运动的目的，在于使这两种陌生的人恢复正常的生活。我们要唤醒只用脑子的学者也用他们的双手去劳作；同时要唤醒广大人民群众去运用他们的脑，学会思索。使学者和农民们结合，便会产生令人惊奇的事迹。学者们和农民们同时重新发现有些他们早已忘却的事情。学者们见到农民们辛勤劳动创造的果实时，不得不惊讶地喊道："我们不是也有一双手吗？为什么我们不能劳动呢？"同样，农民们也重新发现他们的智慧："我们有头脑，真的，我们有头脑，让我们去思索。"真正的教育确实应该帮助造就手脑都会用的人。我们需要的一种教育，是造就脑子指挥双手、双手锻炼脑子的手脑健全的人。

这个新的教育概念，我用一首诗描绘。题为《手脑相长》：

人生两个宝，
双手与大脑。
用脑不用手，

快要被打倒。

用手不用脑，

饭也吃不饱；

手脑都会用，

才算是开天辟地的大好佬！

图书在版编目（CIP）数据

教育的本质 / 陶行知著；陈彬编. —长沙：湖南人民出版社，2021.4（2021.10）

ISBN 978-7-5561-2382-7

I. ①教… Ⅱ. ①陶… ②陈… Ⅲ. ①教育—文集 Ⅳ. ①G4-53

中国版本图书馆CIP数据核字（2021）第039640号

JIAOYU DE BENZHI

教育的本质

著　　者　陶行知
编　　者　陈　彬
出版统筹　陈　实
监　　制　傅钦伟
产品经理　田　野　姚忠林
责任编辑　毛泳洁
责任校对　曾诗玉
封面设计　刘　哲

出版发行　湖南人民出版社有限责任公司［http://www.hnppp.com］
地　　址　长沙市营盘东路3号
邮　　编　410005

印　　刷　长沙市雅高彩印有限公司
版　　次　2021年4月第1版
　　　　　2021年10月第3次印刷
开　　本　880 mm × 1230 mm　1/32
印　　张　9.125
字　　数　162千字
书　　号　ISBN 978-7-5561-2382-7
定　　价　48.00元

营销电话：0731-82683348　（如发现印装质量问题请与出版社调换）